정체성 수업

IDENTITY

자신에게 몰두하는 일은 왜 인생을 망치는가

정체성 수업

로버트 프리츠 · 웨인 스콧 엔더슨 **지음**

박은영 **옮김** | 알렉스 룽구 **감수**

라이팅하우스

아내이며 동료인 로절린드에게
당신은 최고입니다!
_로버트

이 책은 인생에서 가장 중요한 것을 창조하는 쪽으로
우리의 에너지를 전환하는 힘에 대해 다룬다.
덕분에 나는 인생에서 다음과 같은 선물을 받았다.
서배너가 날개를 달고 아름다운 여성이 되어 가는 모습을 지켜보는 기쁨.
에리카가 성장하는 것을 바라보면서 나 역시 함께 성장하며
인생을 진정으로 알아 가는 즐거움.
아내이자 가장 친한 친구인 로리와 함께 세상을 변화시키는
놀랍도록 축복받은 삶.
또한 어머니와 시간을 보내며 우리가 서로의 인생에서
더 큰 일부분이 되어 준 것에 대한 감사.
_웨인

차례

감수자 서문 **자기라는 감옥으로부터 탈출하기**   8

1장   정체성   17

2장   이상과 현실   35

3장   나는 누구인가?   65

4장   보이지 않는 구조   73

5장   긍정적 사고의 위험성   107

6장   내 안의 위협   123

7장   재능과 완벽주의에 대한 오해   139

8장   역할과 고정관념   155

9장   존재를 정당화하기 위한 노력   167

10장   창조자와 창조물   175

11장	일상 속 마시멜로 테스트	187
12장	자신을 조종하는 사람들	199
13장	집단 정체성과 편견	217
14장	정체성 투쟁	241
15장	광고와 이미지 조작	257
16장	우리 본성의 돌아온 탕아	269
17장	가르침과 배움	293
18장	두 개의 세계	301
	에필로그	309
	감사의 글	312
	역자 후기 **정체성은 아무것도 아니다**	313

자기라는 감옥으로부터 탈출하기

_알렉스 룽구, 『의미 있는 삶을 위하여』 저자

작년에 저는 녹음이 우거진 미국 동부의 작은 시골 마을로 여행을 떠났습니다. 그곳에서 즉흥적으로 『최소 저항의 법칙』의 저자 로버트 프리츠에게 연락했는데, 선생님께서는 일말의 망설임도 없이 흔쾌히 저와 제 아내를 집으로 초대해 주셨습니다. 80세가 다 되어 가는 로버트는 제가 '의식성장 조력자'로서 이루고자 하는 경지를 완벽히 몸소 증명하고 계신, 저에게는 살아 있는 전설과도 같은 분입니다. 돌이켜 보면 선생님과의 즐거운 대화와 감사한 조언이 가득했던 만남이 이미 저에게는 꿈만 같습니다. 로버트와 그의 아내 로절린드의 집 베란다에서 초록이 무성한 마당을 바라보며 선생님이 타 주신 보드카 레몬 칵테일을 마시던, 그 시원했던 여름날의 순간이 떠오릅니다.

하지만 이 꿈만 같던 만남 동안 저에게 가장 큰 충격을 준 것은 바로 떠나기 직전 로버트의 제안이었습니다.

"10분 정도 시간이 허락된다면, 잠깐 나의 새로운 크리스마스 뮤지컬을 한두 곡 들려줄까요?"

그 순간 문득 굉장한 사실 하나가 떠올랐습니다.

'선생님은 이미 올해에만 벌써 여섯 개의 현악 사중주곡, 아홉 개의 피아노 소나타, 한 개의 피아노 협주곡, 여러 개의 실내악을 발표하셨다고 했는데… 맙소사, 그것도 모자라서 뮤지컬 전체 곡들까지 작곡하셨다고?'

사실, 로버트는 음악 창작 외에도 각본가 및 감독으로 활동하는 영화 제작자이자 공연 극작가이며, 화가로도 꾸준히 활동해 오고 있습니다. 또한 10여 권 이상의 저서를 출간한 작가이며, 매년 여러 차례 미국과 일본에서 창조 과정 및 '구조 컨설팅Structural Consulting'에 관한 워크숍을 진행합니다. 뿐만 아니라 30년 이상 아프리카 우간다에서 커뮤니티 컨설팅 자선 프로젝트도 성공적으로 운영해 오고 있습니다. 그런데 여기에 어린이 뮤지컬(〈Elma and the Top〉, 2022년 겨울 애틀랜타에서 초연)까지 만들었다는 이야기를 듣고 저는 놀라지 않을 수 없었습니다.

로버트와 대조적으로, 우리는 인생의 시간을 주로 어떻게 보내고 있을까요? 아마 대부분 이상적인 목표를 설정하고, 매일 의지를 다지며 계획을 세워 보지만, 아무 결과도 내지 못하거나 또는 우리가 정말로 '성취'라고 부를 만한 결과를 내지 못하고 있을 겁니다. 어떤 사람은 '생산적으로 사는 법', '끈기 있게 원하는 걸 해내기', '거침없이 실천하는 법' 등 다양한 자기계발 기법에 대해서 배워 보기도 하겠죠. 그러나 결국 하루의 끝에서 아무것도 해내지 못한 자신을 보면서 주변 환경 탓을 하거나 자신의 의지 부족을 탓하며 스스로 패배자라고 낙인을 찍고 자책하고 맙니다.

수많은 노력에도 불구하고 자꾸 원래의 상태(창조하지 않는 상태)로 돌아오게 되니, 우리는 점점 무언가를 창조한다는 것에 대해 냉소적으로 변해 가며 스스로에 대한 조용한 실망과 환멸 속에서 살아가는 경우가 많습니다.

그렇다면 로버트 프리츠는 도대체 어떻게 이런 왕성한 창조가가 될 수 있었을까요? 단순히 선천적으로 재능과 활력이 넘쳐서 그럴까요? 아니면 어떤 특별한 한두 가지 기법을 적용해 오고 있을까요? 도대체 그의 비결은 무엇일까요?

어떤 인터뷰에서 로버트는 "이렇게 셀 수 없을 만큼 많은 성취를 이루셨는데, 이 온갖 창조물들 중에서 어떤 것이 가장 자랑스럽습니까?"라는 질문을 받았습니다. 그는 정색을 하며 다음과 같이 대답했습니다.

"다음번에 창조할 것!"

이 부분에서 로버트의 창조에 대한 원칙을 엿볼 수 있습니다. 로버트는 자신의 창조물을 자기 정체성과 동일시하지 않앉습니다. 그래서 이 인터뷰 질문이 그에게는 우문으로 들렸을 것이고, 그는 창조 과정 그 자체의 즐거움에 대한 현답으로 자신의 철학을 보여 준 것이죠.

　문화적으로 우리는 쉽게 잘못된 방향으로 빠지곤 합니다. 어떤 이들은 자신의 기준에서 어느 수준의 성취를 이룬 경우, 그것을 통해 큰 만족감을 느낍니다. "보세요, 내가 이런 것도 다 이뤄 냈어요(나는 가치 있는 사람이야)!" 반대로 원하는 수준의 성취를 이루지 못한 경우, "아, 역시 나는 안 되는구나"라고 결론지어 버리기도 하죠.

　이 현상을 자세히 들여다보면, 사실 우리는 실재하는 창조물 그 자체에 신경 쓰기보다 그 창조의 결과물이 우리 자신에게 가져다주는 '성공'이라는 이름의 사회적 이미지, 정체성, 이익만을 중시하는 경향이 있는 것 같습니다. 자부심, 성취감, 자존감이라는 이런 사회적 키워드가 창조 과정에 대한 우리의 생각이 얼마나 자기중심적인지 적나라하게 보여 주고 있습니다. 창조 과정 그 자체가 기껏해야 사회적·심리적 보상을 얻기 위한 고생에 불과한 것이 돼 버리는 것이죠. 실제 결과물보다 자존감을 더 조장하는 이 사회 문화에서 우리는 에고와 정체성만을 가꿔야 하기 때문에 진정으로 원하는 삶을 살고 있지 않다는 사실을 자꾸 놓치고 맙니다.

　이런 사고방식으로 창조에 접근한다면 당연히 실패하게 마련입니다. 그 원리는 너무나 명확합니다.

첫째, 하루하루가 나의 가면을 위한 희생과 고생이기 때문에 결국 그 가면 속에서 오래 견디지 못하게 됩니다.

둘째, 정체성과 자기 이미지에 대한 고민들이 창조 과정에 끼어드는 순간, 그 즉시 다양한 불안들이 우리 손을 묶기 시작합니다.

바보 같은 내 진짜 모습이 노출될까 봐, 혹시나 과녁을 빗맞혀 실제로 무능한 사람처럼 보일까 봐, 심지어 내가 궁극적으로 사랑받을 가치가 없는 사람이라는 걸 들킬까 봐, 우리는 시작조차 하지 못합니다. 나의 주의가 온통 창조물이 아닌 '나'에 있기 때문에 창조의 주제를 그야말로 놓쳐 버리게 됩니다. 이런 근본적인 이유로, 자존감 높이기에 대한 책을 아무리 많이 읽어도 창조에 관한 우리의 불안을 이길 수 없습니다.

앞서 인터뷰 내용에서 엿볼 수 있듯이, 로버트 프리츠는 자기 성취에 집착하지 않습니다. 그리고 다음번의 창조 프로젝트에서도 자기 자신을 '믿지'도 '찾지'도 않고, 거울을 보며 자신에 대한 긍정적인 확언을 하지도 않고, 자존감을 쫓지도 않습니다. 그는 원하는 창조물과 원하는 인생을 탄생시킬 뿐입니다. 그 창조 과정 안에서 자기 자신이 누구인지, 어떤 사람인지 규정하려고 하지도 않습니다. 로버트가 가장 많이 하는 말은 "(창조에는) 스스로를 어떻게 생각하는지는 중요하지 않다"

입니다. 이어서 "역사상 가장 성공한 사람들을 보면 높은 자존 감을 가진 사람이 드물다"고 말하죠. 아인슈타인, 처칠, 엘비스를 비롯해 마더 테레사, 베토벤, 에이브러햄 링컨, 마틴 루서 킹까지 낮은 자존감으로 위대한 일을 해낸 사람의 리스트는 충분히 깁니다. 그분들이 자신의 자존감 계발에만 몰두했다면 이 세상은 어떤 곳이 되었을까요?

『정체성 수업』을 통해 로버트 프리츠와 웨인 앤더슨은 우리 의 불필요한 신념들을 뒤로하고 창조 과정 그 자체에 대해 근 본적으로 다른 시각에서 바라볼 수 있게 하는 접근법을 제시 합니다. 간단하게 말하자면, 자기 자신에게 꽂히기보다 창조 하고 싶은 것이 무엇인지 설정하고, 그것을 창조할 현재 상황 을 파악해, 그 사이를 체계적인 행동으로 채우면 그만이라는 것입니다.

이 책은 확실히 현대의 자기계발 문화에 역행하며 우리 삶 의 모순과 약점을 너무나 적나라하게 꼬집습니다. 그래서 독 자들은 이 책을 읽으면서 가끔은 너무 직설적이고 혹은 독설 적인(누군가에게는) 표현에 당혹스러울 수도 있습니다. 하지만 이 책은 동시에 우리가 한번쯤 경험하고 실현해 봤어야 할 필 수적인 관점을 안겨 줍니다. 이 새로운 관점으로 바라보면 현 대의 자기계발 업계를 비꼬는 로버트와 웨인의 직설적인 말 투가 따가우면서도 읽는 내내 재치 있고 통쾌하게 느껴질 것입니다.

『정체성 수업』을 읽는 동안 독자 여러분이 명심해야 할 것이 있습니다. 우선 책을 읽는 동안 아예 생각지도 못한 장애물과 자기 한계에 직면할 준비를 해야 합니다. 그리고 이 책에서 가벼운 한두 가지 특효 처방을 기대해서는 안 됩니다. 이 책에서는 속효적 방법론을 절대 다루지 않습니다. 우리에게 너무나 익숙한 "새벽 4시 반에 일어나면…, 매일 10분만 명상하면…, 이런 스케줄대로 행동하면… 여러분은 성공의 길로 접어들 것이다"와 같은 조언은 절대 찾지 못할 겁니다.

로버트와 웨인은 이 책에서 창조의 원칙과 정체성의 구조를 설명합니다. 두 사람이 제시하는 것은 단순한 방법론이 아니라, 삶을 근본적으로 바라보는 새로운 '자세'입니다.

이 책은 확실히 개인(더 나아가 사회)의 큰 전환점이 될 수 있지만, 가볍게 한두 가지 행동만을 교정한다고 삶이 드라마틱하게 나아지는 것은 아닙니다. 원하는 결과물을 창조하는 삶을 살고 싶다면 자기 정체성에 대한 고민, 자존감에 대한 열망에 관해 체계적으로 반성하고 조금씩 내려놓는 것이 수반되어야 합니다. 이것은 결코 쉬운 일이 아닙니다. 하지만 진정으로 삶의 변화를 원한다면, 이 과정에 헌신할 만한 큰 가치가 있습니다.

몇 년간 로버트에게 가르침을 받고, 그의 책을 여러 번 깊게 연구하고 체험하며 저는 로버트에게 크게 빚지고 있습니다. 이 책을 통해 처음으로 '자기에 대한 생각'을 부추기는 문화의 미몽에서 살짝 깨어날 수 있었고, 많은 연습으로 창조물과 저의 정체성을 조금씩 분리해 갈 수 있었습니다. 그 과정에서 차근차근 진정으로 원하는 삶을 구축하고 창조해 가고 있습니다. 여러분도 이 책을 통해 마음이 자유로워지고 인생의 진정한 창조가가 되셨으면 좋겠습니다. 비록 어린이 뮤지컬이 아니더라도, 인류 역사에 남길 훌륭한 업적이 아니더라도, 망설임 없이 주도적으로 원하는 삶과 결과물을 창조하셨으면 좋겠습니다.

2023년 1월 서울에서

알렉스 룽구

1장

정체성

위대한 영국 배우 앨러스터 심은 인생의 결정적인 순간에 자기 자신에 대해서 남들이 보기에는 우스꽝스러울 수도 있는 결단을 내렸다. 자신이 바보라고 결론지은 것이다. 높은 자존 감을 의무처럼 여기고 '자신을 사랑하라'는 메시지에 열광하는 이 시대에 그의 결단은 가장 기본적인 가치관마저 거스르는 이단적인 태도로 보일 수도 있다. 그러나 심은 그 결정으로써 새로운 자유를 경험했다. 마치 어깨를 짓누르던 짐을 내려놓은 듯한 느낌이었다. 갑자기 에너지가 몸속을 넘쳐흘렀고, 무엇보다 그때부터 자신에게 정말 중요한 것, 즉 자기 훈련과 연기의 예술에 집중할 수 있게 되었다. 자신이 바보라는 걸 인정하고 나자 더 이상 똑똑할 필요성을 느끼지 못했다. 그리고 그는 스스로 생각하는 자신, 즉 바보가 될 수 있었다. 이후 그는 영국의 연극계와 영화계에서 가장 위대한 배우로 손꼽히는 사람이 되었다. 그의 가장 유명한 배역은 가장 사랑받는 〈크리스마스 캐럴〉의 에비니저 스크루지였다.

세간에서 벌어지는 '자존감 self-esteem 운동'은 딱 한 가지에 집중한다. 바로 정체성(원서의 identity는 정체성, 독자성, 신원, 주체성, 개성, 동질성 등 다양한 말로 번역할 수 있는데, 이 책에서는 '정체성'으로 옮긴다 – 옮긴이)이다. 이론 자체는 간단하다. 만약 자기 자신을 긍정적으로 생각하지 않는다면, 그는 성공할 자격이 없다는 것이다. 그럴 경우 자기 파괴 행위를 저지르고, 능력에 못 미치는 성과를 내며, 최선의 노력을 다하지 않게 되어 종국에는 인생이 비참해진다는 주장이다. 반대로 자존감이 높으면 용감하게 장애물에 맞서고, 위험을 감수하며, 단숨에 높은 벽들을 뛰어넘을 수 있게 된다고 한다. 즉, 자존감 운동에 따르면, 우리는 자신에 대해 긍정적으로 생각해야만 한다. 그렇지 않으면 불행해질 수밖에 없다.

내 생각에 이 운동을 신봉하는 이들은 성공적인 인생을 산 수많은 위인의 전기를 아예 읽어보지 않은 듯싶다. 그랬다면 역사상 가장 성공적인 사람들의 대다수가 자존감이 낮았다는 사실에 충격을 받았을 테니 말이다.

머라이어 케리는 "나는 언제나 자존감이 몹시 낮았고, 지금도 그래요"라고 말했다. 데이비드 보위는 "나는 자아상에 아주 문제가 많았고, 자존감이 대단히 낮았어요"라고 했으며, 밥 딜런은 "내가 할 수 있는 건 오로지 나로 있는 겁니다. 그게 어떤 모습이든"이라고 말했다. 낮은 자존감은 록스타들만의 전유물은 아니다. 아인슈타인, 헤밍웨이, 처칠, 엘리너 루스벨트,

로버트 케네디, 조 디마지오, 어밀리아 에어하트, 에디슨, 엘비스, 케리 그랜트, 앨프리드 히치콕, 에이브러햄 링컨, 마더 테레사, 마틴 루서 킹, 베토벤, 월트 디즈니… 명단에 올릴 인물은 얼마든지 있다.

그들은 정체성과 자기 자신이 아닌 더 강력하고 영속적인 요인에 집중함으로써 성공을 거두었다. 그 요인이란 바로 스스로 창조하고자 하는 결과물을 이끌어 내겠다는 동기다. 달리 말해, 그들은 자신이 창조하는 것에 집중했을 뿐 본인에게 초점을 맞추지 않았다.

오늘날 우리 사회는 자존감이 중요하다는 데 압도적으로 동의하고 있으며, 그것이 공공정책에까지 연결돼 온갖 자존감 프로그램에 수백만 달러를 갖다 바치는 결과로 이어지고 있다. 「자존감과 개인 및 사회적 책임 증진을 위한 캘리포니아 태스크포스」(1990, p. 4)에서는 이렇게 주장했다. "자존감은 사회적 백신의 가장 유력한 후보다. 자존감은 우리가 책임감 있게 살 수 있도록 힘을 부여하고 범죄, 폭력, 약물 남용, 10대 임신, 아동 학대, 만성적 복지 의존, 교육 실패의 유인을 미연에 방지하는 역할을 한다. 나라 전체를 곤경에 몰아넣는 대부분의 개인적·사회적 병폐의 중심에는 자존감 결핍이 있다."

반면 드와이트 D. 아이젠하워 대통령은 다른 이야기를 했다. "일에 대해서는 진지하게 생각하되, 자기 자신에 대해서는 심각하게 생각하지 마라." 제2차 세계대전 동안 유럽에서 연합군을 승리로 이끈 사람의 조언이니 꽤 새겨들을 만할 것이다. 그러나 이런 식의 조언은 이해하기는 쉽지만 받아들이기는 어렵다. 왜 그럴까?

인류는 플라톤의 '너 자신을 알라'라는 격언을 한 치의 의심도 없이 마음에 새겨 왔다. 그럼에도 불구하고 정체성에 관한 의문이 수세기 동안 인류를 괴롭혔다. 이런 정체성 추구는 역사에서 파괴적인 패턴이 반복되며 편견과 전쟁, 대량 학살 등의 결과로 이어졌다. 또한 개인적인 차원에서는 자신이 하는 모든 일을 자기 자신은 물론 다른 사람들이 어떻게 볼까 하는 문제와 결부시켜 역기능적 집착을 조장하는 결과를 낳았다.

현대 사회에서 자기계발 업계는 이야기한다. "우리가 자기 자신을 어떻게 생각하는지가 우리 인생에서 답할 수 있는 가장 결정적인 질문이다." 유명한 자기계발 구루 앤서니 로빈스는 "우리가 할 수 있거나 할 수 없는 것, 우리가 가능하다거나 불가능하다고 여기는 것을 나누는 기준이 우리의 실제적인 능력에서 비롯되는 경우는 거의 없다. 그보다는 우리가 누구인가에 대한 믿음에서 비롯될 가능성이 훨씬 크다"라고 말했다. 하지만 정말 그럴까? 이런 것들이 실제적인 능력과 별로 상관이 없다고? 이 말을 대단히 큰 성취를 이룬 뮤지션, 외과 의사, 경주용 자동차 선수, 영화 제작자, 건축가, 혹은 실제적 능력이 요구되는 다른 전문 직업인들에게 해 보시라.

정말 능력이 있으면, 스스로에 대한 신념은 상관이 없다. 유일하게 상관있는 것은, 자기 능력에 대한 진정한 평가 및 현실에 대한 파악이다. 물리학자이자 유도 마스터인 모셰 펠덴크라이스는 사람들이 무언가를 학습하는 과정에 대해 여러 해 동안 연구한 뒤 이렇게 말했다. "의지력은 뭔가를 해낼 능력이 부족할 때만 필요하다." 이 말인즉슨 능력이 있으면 있을수록 자신의 능력을 뛰어넘는 일을 '해낼 수 있어'라고 확신을 다질 필요가 없다는 뜻이다.

결국 우리가 채택할 수 있는 전략은 두 가지다. 하나는 자신에 대해 긍정적인 믿음을 가지려고 '노력'하는 것이며, 다른 하나는 실제로 해낼 수 있는 능력, 수용력, 경험을 계발하는 것이다. 믿음 대 능력을 비교해 보면 거의 언제나 능력이 승리한다. 그도 그럴 것이 능력은 허구나 신념, 확신이 아닌 현실에 바탕을 두고 있기 때문이다. 믿음과 능력은 별개로 존재하며, 서로 연결되어 있지 않다. 따라서 모든 경우의 쌍은 다음과 같다.

긍정적 신념 – 높은 능력

부정적 신념 – 높은 능력

부정적 신념 – 낮은 능력

긍정적 신념 – 낮은 능력

이 중 마지막 카테고리는 스탠퍼드대학교에서 이루어진 연구 덕분에 유명해졌다. 자신의 능력을 좋게 평가하는 사람들이, 자신의 능력이 충분히 계발되어 있지 않다고 생각하는 사람들에 비해 표준 이하의 측정 결과를 보여 주었던 것이다. 이 연구 결과로 자신에 대한 믿음이 강한 사람은 자신의 능력에 대해 거짓되고 부풀려진 생각을 하고 있으며, 상대적으로 높은 수준의 능력을 보여 준 사람들은 오히려 자신의 능력에 대한 믿음이 크지 않다는 사실이 드러났다.

긍정적 사고 운동의 창시자 중 한 명인 노먼 빈센트 필은 "자신을 믿어라! 자신의 능력에 대한 믿음을 가져라! 자기 능력에 대해 겸허하지만 확고한 태도 없이는 성공하거나 행복해질 수 없다"라고 했다. 그러나 이 말은 듣기에만 좋지, 성공한 사람들의 역사에는 들어맞지 않는다. 그의 주장을 '능력에 대한 믿음'부터 꼼꼼히 들여다보자. 여러 사전에 나와 있는 '믿음faith'이라는 단어의 의미는 주로 '이유나 증거가 부족할 때, 혹은 이유나 증거가 없어도, 혹은 이유나 증거에 반해서 견지되는 신념belief'이다. 확신을 뒷받침해 주는 합리적 증거 없이 자신의 역량을 확신하는 것이 과연 합리적인 생각일까? 온전한 정신으로는 그렇게 하기가 대단히 어려울 것이다. 온전한 정신은 실제적 능력, 실적, 학습 능력 그리고 성공 혹은 실패의 패턴을 포함한, 상황을 현실적으로 보는 능력에 기반하기 때문이다.

얼 나이팅게일은 "우리는 우리가 생각하는 대로 된다"라고 했다. 이 말도 마찬가지로 듣기에만 좋을 뿐이다. 맨 먼저 주목

할 부분은 "우리는~된다"이다. 다시 말해서 우리가 자신을 어떻게 보고 이해하는지가 나머지 부분인 "우리가 생각하는 대로"의 결과가 될 거라는 뜻이다. 이런 논리대로라면, 우리가 스스로 자신을 좋은 사람이자 긍정적이고 생산적이고 창의적이며 훌륭한 인간으로 보고자 한다면 그에 합당한 생각을 해야 한다. 천만에. 그렇다면 우리가 비판적 또는 부정적인 생각을 하거나 세상의 아름다움을 살짝 의심하는 생각만 하게 돼도 큰일이 날 텐데.

위의 주장을 변형시켜서 '사고실험thought experiment'을 해 보자. 이를테면 앞의 말을 "우리는 우리가 입는 대로 된다"로 바꿔 보는 것이다. 이렇게 바꿔 놓으니 청바지를 입으면 청바지가 된다는 얼토당토않은 말이 된다. 좋다. 좀 더 고차원적으로 해석해 볼까? 청바지를 입으면 갑자기 청년이 되고, 이브닝드레스를 입으면 문자 그대로 도시의 밤 어딘가에서 언제까지고 머물러야 하나? 방금 파티장에 도착해서 사람들의 시선을 끌고 싶은 것처럼 서성대면서? 이 말을 책에 적용하면 어떤가? 그런 식이라면 『선과 모터사이클 관리술』을 읽은 사람은 모터사이클 또는 선의 마스터가 될 수도 있다는 말인가?

일단 정체성과 연결시키기만 하면 세상 모든 것이 다 중요해 보인다. 내 자동차가 곧 나다, 내 교육 수준이 곧 나다, 내 신체 조건이 곧 나다, 내 정치적 견해가 곧 나다, 내 별자리가 곧 나다, 내 MBTI가 곧 나다 등등. 그건 나의 정체성과 진술의 대상이 동등한 위치를 지니게 된다는 것이다. 이렇게 거짓으로 지어낸 인공적인 관련성이 얼마나 바보 같고 부조리한지는 쉽게 알아차릴 수 있다. 나는 내 머리 색깔, 내 코, 눈썹, 고향, 출신 학교, 가족 전통 등등이 아니다.

당연하게도 긍정적 사고의 '자신을 믿어라' 같은 선언은 사람들이 자기 평가에, 마치 그게 성공의 열쇠라도 되는 것처럼 집착하게 만드는 결과를 낳는다. 자기 자신을 규정하는 것이야말로 영적, 심리적, 형이상학적, 집단적, 개인적 사명이라고 생각하게 될 정도로, 톰 울프가 정의한 70년대 '미 제너레이션 me generation(자기중심주의 세대-옮긴이)' 사고가 사회 구조에 깊숙이 침투했다.

이 현상을 설명할 수 있는 유일한 정의는 나르시시즘뿐이다. '자기 자신을 사랑하라 love yourself' 포스터가 미국 곳곳을 넘어 외국 서점까지 빼곡히 채우고 있다. 아마존에는 제목에 '자기 자신을 사랑하라' 문구가 들어간 책이 5천 종이 넘는다.『자기 자신을 사랑하는 법』,『자기 자신을 사랑하고 자존감을 세우기 위한 가이드』,『목숨이 달린 것처럼 자신을 사랑하라』,『자신을 사랑하라, 자신감을 높이고 행복해지는 법』,『자신을 사랑하라, 인생을 변화시키는 비밀 열쇠』,『자신을 사랑하는 법, 사회적 불안과 우울의 극복』등등.

'행복해지기 위해서 자신을 사랑해야 한다는 제언'과 '대부분의 병폐는 낮은 자존감의 산물이라는 설명' 중 어느 것이 먼저 시작됐는지 판단하기는 어렵다. 오늘날 지배적인 인식은 실패가 자기혐오에서 비롯된다는 것이다. 따라서 자신을 사랑하지 않으면 나쁜 인생을 살게 될 것이며, 자신을 사랑하면 좋은 인생을 살게 될 것이므로 자신을 사랑하는 법을 배워야 한다는 것이다. 결국 자신을 사랑하지 않으면 경력이나 유대 관계에서 온갖 낭패를 겪게 되는데, 그것들은 '낮은 자존감'이라는 근본적인 문제의 뿌리에서 출발했음을 알 수 있다는 이야기다.

아마 당신도 그 논리에 넘어갔을지 모른다. 이 이론의 논리가 제법 설득력 있어 보이는 데다, 실패를 합리화하는 속성도 지니고 있기 때문이다. 당신이 실패했다면 그것은 자기 자신을 충분히 사랑하지 않았다는 말이 되는 것이다. 이 '자기 자신을 사랑하라' 이론에서 종종 간과하는 것이 성공에 직접적으로 영향을 미치는 행동, 자격, 전략, 학습 패턴, 경험과 다른 요인 간의 관계성이라는 것을 알아야 한다.

이 이론에서는 어떤 사람이 일자리를 얻지 못하면, 그것은 다른 후보자가 더 적격이기 때문이 아니다. 오로지 그가 자기자신을 충분히 사랑하지 않았기 때문이다. 비슷한 논리로, 누군가가 자신의 결혼 생활을 잘해 나갈 수 없었다면, 그는 낮은 자존감으로 고통받았다는 말이다. 이렇듯 요즘은 대부분의 일을 판단하는 기준이 당사자가 실제로 얼마나 잘해 냈는가가 아니라 자신을 얼마나 충실히 사랑했는가로 정해진다. [로버트

는 이 책 전체에서 주장과 사르카즘sarcasm(날카로운 풍자) 사이를 계속 오가고 있습니다.-감수자]

사랑은 선택의 문제가 아니다

인생에서 기본적인 사실이 있다. 어떤 사람들은 자신을 사랑하고, 또 어떤 사람들은 그렇지 않다. 그리고 이 두 가지 태도에는 별 의미가 없다. 자신을 사랑하는 아주 훌륭한 사람들이 있고, 그렇지는 않은 아주 훌륭한 사람들이 있을 뿐이다. 그러나(여기서 '그러나'는 아주 큰 의미를 지닌다) 어느 쪽이든 우리는 우리 자신에게 좋은 것을 원한다. 자신을 얼마만큼 사랑하느냐는 관계가 없다.

우리는 자신을 사랑할 수도 미워할 수도 있으며, 그 연속선상의 어디쯤에 있을 수도 있다. 그러나 '사랑의 저울'이 어느 눈금에 있든지 우리는 우리에게 가장 중요한 것들에 열중하고 싶어 한다. 우리는 내면 깊숙이 간직한 가치관에 부합하는 방식으로 살고 싶어 한다. 자신의 열망을 이루고 싶어 한다.

자기애와 좋은 인생에 대한 욕망은 별개의 요소라는 점을 명심할 필요가 있다. 이 둘은 전혀, 아무런 관계가 없다. 이것들을 연관 짓는 순간, 원인과 결과에 대한 우리의 이해가 왜곡된다. 우리는 명백한 현실을 놓치고 있다. 우리 자신에 대해 어떻게 생각하는가와 상관없이 우리는 좋은 인생을 살고 싶어 한다. 다음의 질문에 '예' 또는 '아니오'로 답해 보라. 당신은 좋은 인생을 살고 싶은가? 자신을 어떻게 생각하는가와 상관없이, 이렇게 질문했을 때 '아니오'라고 답하는 사람은 없을 것이다.

사랑하지 않는 사람을 사랑하려고 노력해 본 적이 있는가? 노력해 본 적이 있다면 아무리 진심으로 노력해도 소용없다는 것을 알 것이다. 인생에는 선택의 대상이 되는 것이 많다. 그러나 사랑은 그럴 수 없다. 누군가를 선택해서 사랑할 수 있다면 짝사랑은 결코 없을 것이다. 사랑을 되돌려줄 사람만 선택해서 사랑하면 될 일이다. 그러면 짝사랑에 관한 온갖 위대한 대중가요와 음악은 아예 만들어지지도 않았을 것이다.

자신을 사랑할 때도 같은 원칙이 적용된다. 당신은 자신을 사랑해야 한다고, 그러지 않으면 실패자가 될 거라고 생각했을 수도 있다. 실패자가 되고 싶지 않아서 자신을 사랑하려고 노력했을 것이다. 하지만 자신을 사랑하라고 스스로 종용하는 것이 불가능하다는 사실만 깨달았을 것이다. 너무 힘들어서 자기계발서의 조언을 따라 보기도 했을 것이다. 거울 속의 자신을 응시하거나, 자신에게 작은 사랑의 메모를 써 보거나, 자기 자신을 얼마나 사랑하는지 반복해서 확언하거나 하면서. 그러나 결국 이 모든 시도가 헛되다는 것을 증명하는 결과에 봉착하고 말았을 것이다. 왜냐하면 당신이 정말 확언하고 있었던 서브 텍스트, 즉 숨겨진 의미는 이런 것이기 때문이다. "나는 스스로 자신을 사랑한다고 말하는데, 그건 내가 실제로는 그렇게 생각하지 않아서 그래." 이는 '부메랑 효과'라고 할 수 있다. 의도한 것이 역효과를 낳고, 자신이 주장하고 있다고 생각하는 것이 오히려 그 주장에 의해 반박되는 것이다. "나는 나 자신을 사랑해"가 "나는 나 자신을 사랑하지 않아"라는 뜻이 되고 만다.

정체성 문제

이 책을 읽는 사람들 대부분은 정체성 문제를 어떤 형태로든 가지고 있을 것이다. 우리는 대부분 자기 자신을 어떻게 바라보는지, 다른 사람들이 자신을 어떻게 바라보는지에 많은 신경을 쓴다. 이 문제는 사람에 따라 다소 경미할 수도 심각할 수도 있지만, 정체성이 삶에서 중대한 요인이라면 창조, 성취, 학습, 경험, 도달, 이해의 가능성을 스스로 제한하기 십상이다. 왜 그럴까? 뭔가를 배우고 있을 때 우리는 지독하게 바보처럼 굴거나, 엄청나게 서투르거나, 형편없이 어리석거나, 불쾌할 정도로 꼴사납거나, 끔찍할 만큼 무능하다는 느낌을 받을 수 있다. 학습곡선이란 게 대개는 능숙해지기까지 엉망진창을 형상화한 형태로 그려지기 마련이며, 무언가를 배운다는 건 결국 할 줄 모르는 것을 알아 가는 과정이니 잘하기까지는 못할 수밖에 없다.

정체성 문제는 자신에 대한 생각 또는 타인이 보는 자신에 대한 생각에서 발생한다. 무언가를 배울 때 우리는 꽤 볼썽사나울 수 있어서, 자신에게나 남에게 볼썽사나워 보이기 싫어 끔찍한 순간을 모면하는 방책으로 배움을 회피하게 된다. 이로써 우리가 인생에서 갖고 싶어 하는 가장 중요한 것들을 창조하는 능력을 제한하게 되는 것이다. 그 능력은 자연스럽지 않은 기술을 발전시키거나 이해하기 어려운 데이터를 학습하는 것을 요구하기 때문이다.

반면 학습에 초점을 맞추면 자기 자신을 좋게 보든, 나쁘게 보든, 아무렇지 않게 보든 별 상관이 없다. 이제는 훨씬 강력한 척도 기준을 가지게 되었기 때문이다. 그 기준은 '내가 원하는 지점에 얼마나 가까워졌을까?'이다.

우리 사회는 '용감해져라', '위험을 감수해라', '긍정적으로 살아라', '자신에게 좋은 이야기를 들려주어라' 등 진부한 주장을 늘어놓으며 정체성 이슈를 해결하려고 한다. 이런 클리셰는 한도 끝도 없다. 컬럼비아대학교에서 실시한 설문조사에 따르면, 미국인 부모의 85퍼센트가 자녀들에게 "너는 똑똑한 아이야"라고 말해 주는 게 중요하다고 생각한다. 컬럼비아대학교의 심리학자 캐럴 드웩과 그녀의 팀은 학생들에게 똑똑하다고 말해 주는 것이 정말 효과가 있는지 연구했다. 그녀의 연구는 획기적이었다.

드웩의 팀은 5학년 학생 400명을 대상으로 일련의 실험을 실시했는데, 먼저 아이들을 두 그룹으로 나눠 풀기 쉬운 퍼즐 문제를 냈다. 한 그룹에게는 결과에 대해 칭찬을 해 주었고, 다른 그룹에게는 아무런 반응도 보이지 않았다. 칭찬은 '똑똑하군요'라는 단 한 줄이었다. 그런 다음 전체 학생에게 다음 문제를 쉬운 것과 어려운 것 중에서 고르게 했다. 그러자 지적 능력에 대해 칭찬을 받은 학생들 대다수가 쉬운 문제를 골랐다. 반면 똑똑하다는 칭찬을 받지 않은 다른 그룹의 학생들 중에서는 90퍼센트 이상이 더 어려운 문제를 골랐다. 칭찬이 더 높은 성취를 향한 노력을 억제하는 효과를 보인 것이다.

이처럼 합당하지 않은 칭찬을 하며 부추기는 기법은 과업을 의도한 대로 완수하지 못하게 만들기 십상이며, 종종 정반대의 결과를 야기한다. 얄궂게도 자기 자신에게 집중할수록 효과가 떨어진다. 이것은 현대 사회가 오늘날 우리에게 귀에 못이 박이도록 이야기하는 것과는 정반대의 결과다.

실제로 인생의 주요 임무가 자신과의 사랑놀음이라고 말하는 자기계발 업계의 집중포화 같은 격언들과 조언들이 얼마나 그릇되고 해로운 영향을 미치고 있는지 가늠하기 힘들 정도다. '좋은 게 좋은 거'라는 성향의 선한 사람들은 논리가 그럴듯하다는 이유로 웬만하면 이런 이야기를 받아들인다. 자신에 대해 터무니없는 기대를 한껏 품고서 본인이 쇼의 스타로 떠오르는 세상을 구축해 보려고 애쓴다. 그런 다음에는 왜 자신들이 약속된 행복과 만족을 경험하지 못했는지 의아해한다.

무엇이 바뀌어야 할까? 바로 근본적인 삶의 지향성, 즉 인생의 중심과 인생에서 중요한 것을 측정하는 데 사용하는 기준이다. 삶의 중심을 자신이 '누구'인가가 아니라 자신에게 중요한 것을 '얼마나 잘 창조할 수 있는가'로 재설정할 수만 있으면 새로운 세상이 열린다. 기술을 개발하고, 학습하고, 행동과 전략을 조정하고, 자신이 원하는 결과를 창조할 수 있는 더 나은 위치를 차지하게 될 것이다.

이 책은 이런 변화의 구조적, 정신적, 심리적, 의학적, 생리학적 차원을 제시할 것이다. 이것은 당신의 삶을 변화시킬 수 있다. 우리는 살아오면서 늘 자신을 어떻게 생각하느냐가 가장 중요하다는 말을 들었지만, 이 책을 통해 그게 전혀 중요하지 않다는 것을 알게 될 것이다. 중요한 것은 우리가 살고 싶은 삶을 어떻게 하면 효과적으로 구축할 수 있는가이다.

이 장에서 얻어야 할 것

- 자존감이 인생에서 중요한 요소라는 주장들은 모두 잊어라. 세상에서 가장 성공한 사람들에게는 자존감이 없었다.
- 자신을 사랑하거나 사랑하지 않을 수 있지만, 그건 당신이 선택할 수 있는 것이 아니다. 어느 쪽이든 당신은 자신에게 좋은 것들을 소망한다.

- 긍정적인 사고를 강화하는 것은 오히려 역효과를 낸다. 억지로 기운 내려고 애쓸 필요가 없다.

- 자신이 '누구'인가가 아니라 자신에게 중요한 것을 '얼마나 잘 창조할 수 있는가'로 중심을 다시 맞춰라.

2장

이상과 현실

스스로에 대해 간단하게 체크해 보자.

인생에서 이상으로 받아들인 게 있다면 무엇인가?
자신은 어떤 사람이어야 한다고 생각하는가?
어떻게 살아야 한다고 생각하는가?
무엇을 이루어야 한다고 생각하는가?
자신이 무엇을 생각해야 한다고 생각하는가?
어떻게 행동해야 한다고 생각하는가?

어린 시절 당신은 어떻게 되어야 한다거나 어떤 사람이 되어야 한다는 수많은 이상을 받아들였지만, 정작 그 이상에 도달하기는 어려웠을 것이다. 그 이유는 대부분 당신의 개인적 결점 때문이 아니고 이상 자체의 문제였을 텐데, 그런데도 당신은 이상을 실현하지 못했다는 이유로 실망하고 자기 스스로를 실패한 사람, 자신과의 약속을 지키지 못한 사람, 심각한 문제가 있는 사람인 것처럼 느꼈을 것이다.

품고 있는 이상과 처한 현실 사이에는 늘 차이가 있기 마련이다. 이상은 어떻게 '살아야 하는가'에 관한 추상적 '개념'이다. 플라톤은 이것을 '미덕'이라고 불렀다. 개념 자체는 진실된 가치도 아니고 진정한 열망도 아니다. 그저 어떻게 살 것인가, 무엇을 생각할 것인가, 어떤 사람이 될 것인가, 심지어 어떤 직업 또는 커리어를 추구할 것인가에 대한 관념, 이론 그리고 일반화일 뿐이다.

'이상'이라는 말은 대단히 영광되고 감탄할 만하며 고귀하기까지 한 느낌을 줄 수 있다. 그러나 이상은 삶을 영위하는 잘못된 기준, 즉 진정한 가치와 열망에 부합하지 않는 기준을 우리에게 부여한다. 많은 사람이 이 두 가지(이상과 가치)를 혼동하는데, 차이를 분명히 정리해 보자. 이상은 소중히 '여겨야 할should think' 것의 그림이며, 가치는 실제로 소중히 '생각하는do think' 대상이다. 이상은 외부에서 떠맡겨지며, 가치와 열망은 내부에서 생성된다. 즉, 이상은 가짜이고 가치가 진짜다.

사실대로 말하자면, 우리가 마땅히 어떤 사람이 되어야 하는가에 대한 기준은 없다. 이상을 내세우는 사람들은 대개 마땅히 어떻게 되어야 한다는 정해진 길이 '있다'고 주장하며, 그 길로 가지 않으면 뭔가 잘못됐다고 말하지만, 그렇지 않다.

'이상ideal'이라는 말의 일반적인 정의는 이렇다.

완벽하다고 여겨지는 사람 또는 사물. 완벽의 기준, 목표로 삼아야 할 원칙. 유의어: 완벽, 모범, 전형, 빛나는 사례, 더할 나위 없는 예, 극상, 꿈.

'가치value'란 정확히 무엇일까? 사람들은 이 말을 다양한 방식으로 쓰지만, 사실 엄밀한 정의가 따로 있다. 진정한 '가치'는 우리가 무엇을 더 중요하게 여기고 무엇을 덜 중요하게 여기는가를 의미한다. 이상이 '훌륭한' 또는 '완벽한' 행위의 본보기라고 하면, 가치는 중대한 선택이다. 특히 많은 가치가 서로 충돌할 때 어떤 쪽을 선택하는가가 중요하다. 당신이 '진실'과 '친절'이라는 두 가지 가치를 지니고 있다고 가정해 보자. 어느 날 당신은 여동생이 공연하는 콘서트에 가게 되었다. 그런데 안타깝게도 여동생이 노래를 굉장히 못 불렀다. 콘서트는 끝이 났고, 당신은 진실과 친절 사이에서 갈등하게 된다. 만약 친절이 더 높은 가치라면 당신은 그녀에게 "너무 멋졌어!"라고 말할 수 있을 것이다. 그렇지 않고 진실이 더 높은 가치라면 당신은 이렇게 말할지도 모른다. "시스, 정말 끔찍한 공연이었어."

어떤 가치를 더 높게 평가하라고 가르쳐 주는 사람은 없다. 가치를 습득한다는 생각이야말로 우리 사회에 만연한 오해다. 가치는 다른 누구도 아닌 자신이 고안해 내는 것이며, 살면서 해온 선택에서 비롯된다. 시간을 어떻게 보내야 할지 고민하는 것처럼 가치도 대개는 고민해서 정하는 것이다. 때로는 가치가 유기적으로 생겨나기도 한다. 이를테면 자신도 모르는 사이에 한 가지보다 다른 한 가지를 자동으로 지지하게 되는 것이다. 어느 쪽이든 가치는 진짜 우리 자신의 것이다. 우리가 더 중요하게 여기는 것과 덜 중요하게 여기는 것이 가치의 토대를 이룬다.

선택과 이상

흔히 사람들이 마음 가는 대로 하면서 살면 많은 문제가 발생할 거라고 생각한다. 스스로를 믿지 못하는 것이다. 그래서 사람들에게 어떻게 살 것인지 규칙을 부여해야 한다는 생각이 윤리와 도덕의 체계로 이어진다. 개중에는 이런 개념들이 가치와 상호 교환이 된다고 생각하는 이들이 있겠지만, 실제로는 둘이 아주 다르다. 윤리와 도덕은 오히려 이상과 많이 닮았다. 무엇을 중요하게 '여겨야 하는가'에 대한 개념이기 때문이다. 게다가 외부에서, 예를 들어 종교, 법체계, 철학 또는 정치에서 부과된다는 점도 비슷하다. 이것들의 밑바탕에 깔린 근본적인 가정은 '사람들은 믿을 수 없는 존재'라는 것이다. 그래서 사람들을 곤경에 처하지 않게 해 줄 윤리 또는 도덕 강령이 필요하다고 여기는 것이다. 반면 흥미롭게도 '가치가 인생을 이끌어 갈수록 윤리나 도덕이 필요 없어진다'는 통찰도 있다.

저자들의 경험에 따르면, 살고 싶은 삶을 선택할 수 있는 주체성 있는 사람들은 신뢰할 수 있다. 우리가 바라는 좋은 것들을 누리는 삶이 신뢰를 형성하는 것이다. 사실 우리는 아주 좋은 것들을 바라며 살아간다. 좋은 유대관계, 의미 있는 직업, 건강, 생산적이며 성공적인 삶 등. 그런 인생을 어떻게 창조해 낼지 모른다고 하더라도 원하는 것을 원하지 못하게 할 방법은 없다. 만약 좋은 유대관계, 의미 있는 직업, 건강을 가질 수 있다고 하면 그걸 받아들이겠는가? 물론 그럴 것이다. 이것은 이상을 수용하는 것과는 다르다. (대신 이것은) 진정한 열망을 인정하는 것이다.

당신의 이상은 어디에서 유래하는가?

어떤 사람들은 살면서 만나게 되는 어른들, 즉 부모나 교사, 기타 권위 있는 인물들에게서 이상을 발견한다. 또 어떤 사람들은 좋아하는 스타, 운동선수, 우주비행사, 배우, 공인, 역사적 인물들에게서 영감을 받기도 한다. 이런 식으로 꼽을 수 있는 인물은 많다.

자신이 어린 시절 받아들인 이상에 대해 생각해 보라. 마치 자신에게 한 비밀 약속인 것처럼 이 이상에 따라 생활하는 것이 중요하다고 생각했을 수 있다. 그래서 자신이 얼마만큼 이상에 부합하게 살았는지 스스로 판단해 보곤 했을 것이다. 그 세월 내내 이 이상은 마음 뒤편 혹은 의식의 전면에서 우리 뇌리를 떠나지 않았으며, 나이 들어 가면서는 우리 내면에 숨어 있는 판사와 배심원처럼 우리가 마땅히 살아야 했을 삶을 살지 않고 있다고 판단하고 질타했을 것이다. 심지어 엄청난 성공과 성취를 이뤘어도 말이다.

많은 이들이 일정한 나이에 이를 때까지 무언가를 성취해야 한다는 이상을 지니고 있다. 개중에는 일정 수준의 모험을 해야 한다는 이상을 지닌 사람들도 있다. 그런 이들은 데드라인에 맞춰 자신의 이상을 성취하거나 경험하지 못하면 자신에게 실망하게 된다. 만약 당신도 그렇다면 잠시 물러서서 그 아래 깔린 가정을 되짚어 볼 필요가 있다. 왜 당신은 일정한 나이가 될 때까지 특정한 수준이 '되기', '수행하기', '성취하기' 또는 '경험하기'를 해야 한다고 생각하게 됐을까? 사실 그건 당신이 만들어 낸 이상에 불과하다. 현실에 뿌리를 두지 않은 순전한 허구다. 그런데도 그게 너무나 자주, 지나치게 현실감 있게 다가와서 당신을 미칠 것 같은 지경으로 몰고 갈 것이다. 왜 그런 느낌이 드는지 알지도 못한 채 죄책감, 실망감, 후회나 수치심을 느끼기도 할 것이다. 그 이유는 언제까지나 성취될 수 없는 이상을 품고 살기 때문이다. 이상의 본질은 성취가 불가능하다는 것이다.

게다가 여기에는 훨씬 큰 역학이 작동하고 있다. 당신이 품고 있는 가장 영향력 있는 이상 중의 일부는 자신에 관한 달갑지 않은, 숨겨진 신념에 의해 형성된다는 것이다.

달갑지 않은 신념

이제 우리는 사람들이 왜 특정한 이상들을 고수하는가의 주된 이유에 이르렀다. 그건 우리가 제임스 본드나 마더 테레사가 되고 싶다는 고집을 부리기 때문이 아니다. 이상을 고수하는 이유는 한 마디로 당신이 당신 자신에 관해 믿지만 알고 싶지 않은 '숨겨진 신념'과 이상이 상충하기 때문이다. 그 믿음은 당신이 자신에 관해 워낙 싫어하는 부분이라, 인정받지도 이해되지도 못한 채 억눌려 깊은 무의식이라는 지하에 숨어 버린다.

우리가 스스로 존재하는지도 몰랐던 자신에 관한 믿음을 고수하고 있는 것일 수도 있다. 왜 그럴까? 쳐다볼 수 없을 정도로 지독하고 가공할 무언가가 내면에 있다고 생각하기 때문이다. 그걸 자신에게 숨기고 싶어서 이상을 개발하는 것이다. 물론 그 이상을 의식적으로 만들어 내는 것은 아니다. 이상은 달갑지 않은 그 숨겨진 신념에 맞서기 위해 자동으로 생겨난 것이다.

달갑지 않은 신념을 찾는 것은 어렵지 않다. 그냥 이상의 반대를 생각해 보면 대개는 맞을 것이다. 자신이 겁쟁이라고 생각하는 사람의 이상은 '용감함'일 것이다. 자신이 바보스럽다고 생각하는 사람의 이상은 똑똑해지는 것이다. 자신이 나쁜 사람이라고 생각했다면 이상은 좋고 선한 사람이 되는 것이다. 자신이 무가치하다고 느꼈다면 이상은 가치 있는 사람이 되는 것이다.

워낙 높은 자존감을 강요하다시피 하는 시대라서 자신이 이상을 부추기는 달갑지 않은 신념을 가지고 있다는 생각을 하기조차 쉽지 않다. 일단 그런 식의 구조 안에 갇혀 있다면 자신이 어떤 구조에 얽매여 있는지를 스스로 파악하기 어렵다. 그럴 때는 우선 더 거시적인 시각(메타인지)을 획득해 구조 밖으로 나올 필요가 있다. 어떻게 해서든 한발 물러서야 무슨 일이 일어나고 있는지가 훨씬 명확해진다. 너무 오랫동안 스스로에게서 감추는 작업을 해 왔기 때문에 처음에는 밖으로 드러나는 달갑지 않은 신념을 보지 못할 수도 있다. 그에 비하면 우리가 받아들인 이상은 좀 더 잘 보인다. 어떤 이상들인가 하면 똑똑해질 것, 성공할 것, 쓸모 있는 사람이 될 것, 좋은 사람, 가치 있는 사람, 중요한 사람, 용감한 사람, 강한 사람, 유능한 사람, 특별한 사람이 될 것 등이다. 왜 우리가 굳이 이 중 하나가 되어야 하는 걸까? 이런 이상 바로 아래에 어떤 숨겨진 신념이 도사리고 있는지를 누가 알까? 구조가 알고 있다!

다음은 믿음과 상충하는 특정한 이상을 생성해 내는, 흔한

'달갑지 않은 신념'을 묘사하는 일련의 시각 자료들이다.

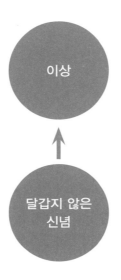

자신이 겁쟁이 같은데 그렇다는 것을 용납할 수 없다고 생각해 보자. 그러면 우리가 갇혀 있는 구조는 이 기분 나쁜 신념과 상충하는 이상을 생성하게 된다. 대개는 자기가 이 과정을 (무의식적으로) 진행시키고 있다는 것을 모르겠지만, 이런 사람들은 다른 많은 이들에 비해 유난히 비겁하고 겁이 많은 행위에 혐오를 드러낼 것이다. 스스로 비겁하게 겁을 집어먹는 일이 생기면 마치 자신이 중대 범죄에 연루된 것처럼 스스로를 채찍질하게 될 것이다.

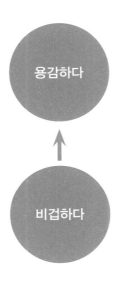

　자기가 바보 같다고 생각하는 사람에게는 아마 세상 최악의 상황이 자기가 바보같이 구는 일일 것이다. 자연히 이 사람의 이상은 똑똑해지는 것이다.

　그러나 누구나 바보같이 굴 때가 있다. 아인슈타인조차 툭하면 열쇠나 지갑을 잃어버렸다고 하지 않는가. 더 나쁜 건 아인슈타인이 바이올린 연주에 목을 맸다는 것이다. 한번은 그가 저 위대한 바이올리니스트 야샤 하이페츠와 함께 연주하는 귀한 기회를 얻었는데, 가련한 알베르트가 계속해서 실수를 했다. 마침내 얼굴이 붉으락푸르락해진 하이페츠가 소리쳤다. "알베르트, 도대체 왜 이래요? 박자 하나 못 맞춰요?"

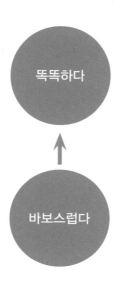

이처럼 바보스럽게 구는 일이 생길 때, 이 구조 안에만 계속 머물면 바보스러운 행동이 때로 귀엽거나 인간적일 수 있다는 사실을 절대로 믿지 못할 것이다. 이런 구조 안에 갇힌 사람에게는 그런 일이 그저 용서할 수 없는 과오에 지나지 않을 테니 말이다.

이상/신념/현실충돌

이 구조에서는 단순히 하나의 달갑지 않은 신념과 그에 반대되는 하나의 이상이 움직이는 것이 아니다. 그보다 더 많은 요소가 작동하고 있다. 현실, 즉 '실제로' 벌어지는 상황도 있다.

현실에서는 용감함이라는 이상을 지닌 사람이 시시때때로 겁에 질린다. 현실에서는 가치 있는 사람이 돼야 한다는 이상을 지닌 사람이 어느 날 바닷가에서 휴식을 취하다가도 자기가 그런 휴식을 누릴 자격이 충분히 있는지 갈등한다. 현실에서는 승리자가 되겠다는 이상을 지닌 사람이 패배하기도 한다. 이 구조를 '이상/신념/현실 충돌'이라고 한다. 이 구조에서 사는 사람이 놀라울 만큼 많다.

이 '이상/신념/현실 충돌' 역학이 전략을 만들어 낸다. 전략이라고 하지만 자신의 진심을 속이는 방법에 대해 밤새 고민해서 나오는 심사숙고의 산물은 아니다. 그보다는 구조 속에서 유기적으로, 저절로 개발되는 것이다. 그러므로 누군가가 자신에 대해 가지고 있는 실제적인 진짜 견해에 반박하기 위해 설계되는 보상 전략인 셈이다. 이 전략에는 두 가지 기본 전술이 포함된다. '확언' 그리고 '경험'이다. 이 전술의 임무는 '이상을 강화하고 숨겨진 달갑지 않은 신념을 부정하는 것'이다.

확언은 이상을 거듭 다짐할 수 있게 학습하는 역할을 한다. 자신이 겁쟁이라고 생각하는 사람들에게 확언은 "나는 용감해. 나는 용감하다!"가 될 것이다. 자신이 무가치하다고 여기는 사람들에게 확언은 "나는 가치 있는 사람이야. 그래, 나는 그런 사람 맞아!"이다.

확언은 자기계발 운동의 마니아들에게 특히 매력적으로 어필될 것이다. 그들은 툭하면 화장실 거울에 비친 자신의 눈을 응시하면서 읊곤 한다. "나는 크게 성공한 사람이다. 나는 크게 성공한 사람이다!" 자신의 잠재의식을 프로그래밍해 실제로는 믿지 않으면서 자신이 어떤 사람이라고 생각하게 하려 애쓴다. 하지만 워런 버핏이 자기 집 화장실에서 "나는 크게 성공한 사람이다. 나는 크게 성공한 사람이다!"를 되뇌는 모습을 상상하기란 어렵다. 케이트 블란쳇이 거울 앞에 서서 "나는 대배우야. 나는 대배우야!"를 읊는 모습도 마찬가지다. 사실 이 기법은 잠시 후 설명할 부메랑 효과로 끝나기가 쉽다.

달갑지 않은 신념을 자신에게서 감추기 위해 고안되는 두 번째 전략은 이상에 부합하는 '경험 카탈로그'를 만드는 것이다. 자기가 겁쟁이라고 생각하는 사람 중에는 행글라이딩이나 익스트림 스키 타기, 진흙투성이 오토바이를 타고 절벽 뛰어오르기, 위험한 등산, 상어 무리를 통과하며 수영하기, 그 외의 영웅적인 행위를 하는 이가 많다.

물론 이런 유형의 활동을 한다고 해서 모두가 이 구조 속에 갇혀 있는 것은 아니다. 실제로 그저 순수한 재미를 추구하기 위해 자신을 몰아붙이는 일에 열광하는 사람들도 있다. 그러나 겁쟁이라는 달갑지 않은 신념을 지닌 사람들은 이들과 다르다. 그들은 자신이 용감하다는 '증거'를 갖고 싶어 한다. 그리고 이 증거를 받아들여 줄 청중은 두 부류다. 인생의 타인들과 그 자신이다. 이들을 상대로 증거를 보여 주는 것은 달갑지 않은 신념에 반박하기 위해서지만, 공교롭게도 그것이 오히려 역효과를 낳는다. 증거의 필요성이 숨겨진 신념을 향해 되돌아가기 때문이다. 자신이 겁쟁이라고 생각하는 사람 외에, 굳이 용감하다는 것을 증명할 필요가 있는 사람이 또 있을까? 그가 수집할 수 있는 용감한 에피소드의 끝없는 목록은 그가 겁쟁이라는 사실을 강화해 줄 뿐이다.

자신이 바보라고 생각하는 사람들이 실제로는 아주 똑똑한 경우가 꽤 있다. 그들은 단지 자신이 그렇다고 생각하지 않을 뿐이다. 그들의 보상 전략에는 다수의 학위를 취득하는 것, 많은 정보를 기억해 두었다가 적절한 때에 애매한 사실들을 말해 줌으로써 사람들의 인상에 남는 것, 잘난 체하는 논평을 하는 것 등이 포함되어 있을 수 있다. 그들은 스스로 바보라고 생각하면서 그런 사람이 아니라는 것을 증명하기 위해 무진장 애를 쓴다. 다시 말하지만, 고등교육 기관에서 다수의 학위를 받은 사람들 모두가 자신이 어리석다고 믿는 것은 아니다. 문제는 동기다. 취득한 학위가 단지 내적 호기심 또는 직업적 관심에서 비롯된 것인가, 아니면 지성을 드러내 보이기 위한 것인가?

천체물리학자 리리 게이츠가 이것에 관해 쓴 글이 있다.

'지능은 유전된다.' 이처럼 악의 없고 평범한 말이 어떻게 해서 그처럼 심대하게 인생을 바꾸는 반응을 촉발하는 걸까?

대략 40년 전, 수많은 나의 동료들과 마찬가지로 고등학생이었던 나는 마지못해 2학기 식물학 수업을 듣고 있었다. 그때 선생님이 이런 발언을 하는 데 영향을 준 화제가 무엇이었는지, 애초에 식물학 선생님이 무엇 때문에 지능에 관한 이야기를 하게 되었는지는 기억나지 않는다. 솔직히 말하면 나는 수업에 집중하지 않고 대충 시간을 때우고 있었을 수 있다. 그런데 이 한 문장이 어떤 의미로 나를 일깨웠다.

'지능은 유전된다.' 나는 갑자기 중요한 공식 하나를 얻은 것 같은 기분이 들었다. 나라는 사람이 누구인지, 아니 그보다 내가 세상에 어떤 가치를 부여해야 하는지에 관한 자물쇠가 풀리는 것 같았다. 당시에는 잘 느끼지 못했지만 나는 교육의 중요성에 관해 강력한 메시지를 주입받으며 성장했다. 그렇게 된 데는 다분히 부와 성공에 대한 열망을 충족시켜 주지 못하는 남자와 결혼한 어머니의 인생에 대한 불만이 투영된 영향이 컸다. 어머니는 좋은 교육을 잘 받아야 좋은 직장을 얻을 수 있다고 믿었다. 좋은 교육이 사람을 똑똑하게 만든다고도 생각했다. 그런데 이 한 문장이 교육이 성공의 지름길이라는 내 오랜 믿음을 송두리째 날려 버린 것이다.

지능이 유전되는 것이고, 똑똑함이 성공에서 중요한 요인이라면, 내가 성공할 가능성을 판단하기 위해 살펴야 할 것은 단 하나, 집안뿐인 셈이었다. 그런데 이 부분은 그다지 고무적이지 않았다. 어머니도 아버지도, 지능이 높을 때 나타나는 전형적인 징후는 보이지 않았다. 두 분 다 고등학교도 졸업하지 않았다. 어머니가 가십 주간지 〈내셔널 인콰이어러〉를 탐독하는 것 외에 두 분 모두 독서를 좋아하는 성향도 아니었다. 그리고 두 분 다 부정직한 정치인과 국세청에 대해 분노할 때를 제외하고는 시사 문제에 관한 의미 있는 담론에 참여하는 법도 없었다.

그러나 생물학 시간에 지능이 한 세대를 걸러 유전될 수도 있다는 것을 배웠기에 가계도를 좀 더 살펴보기로 했는데, 거기에도 딱히 고무적인 내용은 없었다. 간혹 똑똑한 편인 조상이 몇 분 계셨지만, 절망에 빠진 열일곱 살 청소년에게 미래에 대한 희망을 밝혀 줄 정도는 아니었다. 내가 성공하려면 유전법칙과 싸워 이겨서 내 정신적 기개를 증명해 보이는 것밖에는 방법이 없을 것 같았다. 그러나 그렇게 하려 해도 방법이 보이지 않았다. 나는 자기가 똑똑하다는 걸 증명해 보이려 애쓰는 어린아이일 뿐이었다.

그때부터 나는 저명한 물리학자 찰스 미스너, 킵 손, 존 휠러가 쓴 대작 『그래비테이션Gravitation(만유인력, 중력−옮긴이)』 한 권을 들고 다니기 시작했다. 어느 모로 보나 고등학생이 꼭 읽어야 할 책은 아니었지만, 나는 어디를 가든 1,279쪽에 6파운드(약 2.7킬로그램−옮긴이)에 달하는 『그래비테이션』을 손에서 놓지 않았다. 물론 이 책을 읽은 것은 아니다. 그저 남이 나를 어떻게 여길지를 생각하면 훨씬 기분이 나아졌던 것뿐이었다. 결국 이 책은 대학생 때까지도 내 정체성을 떠받치는 고무젖꼭지 역할을 했다.

새롭게 찾은 동기에 힘입어 나는 좀 더 지적인 무언가를 위해, 항공에 대한 어린 시절의 관심과 최근 공군 사관학교에 지명된 것을 포기했다. '나의 산에 필적할 수 있는 사람들Men to match my mountains(어빙 스톤의 소설에서 용감함과 영광을 상징하는 문구―감수자)'이라는 슬로건을 내건 사관학교의 부름은 지적 자유를 약속하는 콜로라도대학교의 수강 신청 편람에 대면 무게감이 덜했다. 결국 나는 새로 선택한 학문 분야인 천체물리학의 학위를 따기로 했다. 천체물리학 정도면 지적인 분야로 손색이 없었다. 그렇지 않은가? 누가 뭐래도 로켓 과학자가 똑똑하다는 건 자명하니까.

마침내 만사 해결! 그렇게 되었어야 했는데 그렇지 않았다. 나의 정체성 위기는 대학교 3학년 때 최고조에 이르렀다. 어느 날 나는 양자물리학 과목의 과제를 다 못해서 마감 다음 날까지도 거기에 매달려 있어야 했다. 그러느라 새벽 3시까지, 연구소 이름이 멋져 보인다는 이유로 무턱대고 인턴십에 뛰어들었던 '대기와 우주 물리학 연구소' 사무실에 앉아 있게 된 것이다. 슈뢰딩거 방정식 도출의 6쪽 어딘가를 보고 있는데 갑자기 내가 과제를 완수하는 데 필요한 노력을 심각하게 과소평가하고 있었다는 것이 분명해졌다. 너무 화가 났다. 나는 고개를 숙인 채 머리를 감싸 쥐고 소리 내 혼잣말을 했다.

'내 지능의 한계에 와 버렸어.' 마치 내가 컴캐스트^{Comcast}(인터넷 회사—옮긴이)의 예전 광고에 나오는 남자 같았다. 인터넷 서핑을 하다가 어느 순간 '당신은 인터넷의 끝에 도착했습니다. 볼 수 있는 건 다 보셨어요'라는 팝업을 만나 버렸던 그 남자 말이다.

지금은 우습게 들릴지 몰라도, 당시에는 정말 심각했다. 내가 결함이 있는 사람같이 느껴졌다. 더 나쁜 것은 나에게 성공할 수 있는 정신적 장비가 영원히 부족하다고 스스로 믿어 버린 것이었다. 나는 그 공식이 맞을 수도 있다는 두려움에 휩싸였다. 지능이 유전된다는 것. 그렇다면 나로서는 유전자 풀^{gene} ^{pool}(어떤 생물 집단 속에 있는 유전정보의 총량—옮긴이)의 얕은 변두리에서 벗어날 방도가 없었다.

자신의 내면에 달갑지 않은 신념이 있다는 것을 알게 되면, 대부분은 본능적으로 그걸 바꾸거나 제거하려고 애쓴다. 물론 자신의 믿음을 믿고 싶어 하지 않기는 하지만, 그렇다 해도 바꿔야 한다는 사실은 변함이 없다. 그렇다면 그 믿음을 바꾸려면 어떻게 해야 할까? 결국 남는 것은 딱 두 가지 방법이다. '이상'을 '확언'하거나 '경험'하는 것이다. 그런데 앞에서도 살펴봤지만 이런 접근법은 효과가 없고 달갑지 않은 신념을 오히려 강화할 뿐이다. 그러면 질문을 바꿔 보자. '어떻게 달갑지 않은 신념을 제거할까?'가 아니라, 자신에 대해 무엇을 믿든 상관없이 '우리가 원하는 인생을 창조하는 데 더 나은 방법은 무엇일까?'라고 질문하는 것이다. 우리가 견지하는 달갑지 않은 신념은 진실에 근거하지 않아서 그것을 바꾸기가 대단히 어렵다. 비행기를 어떻게 조종하는지를 몰랐다가 나중에 배우고 나면 '나는 비행사가 아니야'에서 '나는 비행사야'로 적절하게 믿음을 바꿀 수 있다. 반면 정체성에 관한 신념은 현실에 근거하고 있지 않다. 어떤 사람을 누구라거나 어떻다고 규정할 방법은 없다. 자기 자신에 대한 평가는 현실과 관계없이 작동하고 있기 때문이다. 따라서 우리가 지금 견지하고 있는 달갑지 않은 신념은 절대로 바뀌지 않을 공산이 크다. 언제까지나 사람들 속에 똬리를 틀고 있을 가능성이 크다. 여기서 중요한 점은, 그 신념들이 우리 인생에 영향을 미칠까, 아니면 그것과 상관없이 좋은 것을 창조할 수 있을까 하는 것이다.

레이디 가가의 이상/신념/현실충돌

'레이디 가가가 선사하는 몬스터 볼 투어', 2011년 HBO 다큐멘터리 오프닝 장면에서 레이디 가가는 인근의 델리에서 커피를 마시고, 거리에서 기다리는 팬들에게 인사를 건넨 후 자신의 리무진에 오른다. 자동차가 그녀의 이름이 거대하게 새겨진 매디슨 스퀘어 가든의 대형 천막 앞을 지나갈 때, 그녀는 살짝 눈물을 흘리며 '저것 좀 봐'라고 혼잣말을 한다. 나중에 분장실에서 메이크업을 받을 때는 거울을 들여다보며 소리 내 울기 시작한다. "그거 알아요? 난 아직도 내가 패배자인 것 같은 기분이 들 때가 있어. 가든까지 와서 이런 말 하는 게 미친 소리라는 건 알아. 그런데도 내가 아직 고등학교에 다니는 망할 애송이 같은 느낌이 든다고." 그녀는 좀 더 울고 난 후에야 방 안 사람들에게 고개를 숙여 보이며 "미안해요"라고 말한다.

사실 그녀의 행동은 미친 것과는 거리가 멀다. (그 내밀한 믿음에 부합하지 않는 온갖 증거를 들이대도) 그녀는 단지 자신에 대한 진짜 신념에 닿아 있을 뿐이다. 당시 그녀는 쇼비즈니스 업계의 가장 핫한 존재였다. 가장 많은 돈을 벌어들였으며 천문학적인 수의 팬과 엄청난 판매고를 기록했다. 몇 년에 걸쳐 그녀는 가장 훌륭하고 흥미로운 음악과 뮤직비디오를 만들어냈으며, 이미 그래미상 12개 부문 후보로 올라 5개의 상을 수상한 상태였다. 〈빌보드〉는 그녀를 2010년 '올해의 아티스트'이자 한 해 동안 가장 많은 판매를 이룩한 아티스트로 선정했다. 〈타임〉은 전 세계에서 가장 영향력 있는 인물 목록인 '타임 100'에 그녀를 포함시켰으며, 〈포브스〉는 가장 영향력 있는 100인의 유명인 리스트에 그녀를 선정했다. 예술적·전문적인 영역에서 '패배자'라는 말은 그녀에게 어울리지 않았다.

그러나 레이디 가가는 스스로 창조한 멋진 캐릭터가 아니다. 캐릭터와 별개로 그녀는 다른 이름을 가지고 실제 삶을 영위하는 사람이다. 이 실제의 삶에서 그녀는 지구상의 다른 실존 인물들과 하등 다를 것 없는 역학에 묶여 있다. 그녀에게도 자신에 관한 달갑지 않은 신념이 있는 것이다. 그녀가 이룩한 빛나는 성취 중 어느 것도 자신에 대해 스스로 내리는 평가를 바꾸지 못했으며, 그건 앞으로도 마찬가지일 것이다. 자존감 강령을 따르기로 다짐한 많은 사람이 정신을 살짝 놓아 버리는 곳이 이 지점이다. "그녀가 자기에 대한 평가를 바꾸지 못할 거라니, 그게 도대체 무슨 말입니까?"라고 따져 물을지도 모른다. 그러나 이제 우리는 자기 평가에 관한 이야기의 나머지 부분을 이미 알고 있으며, 어떻게 그리고 왜 우리가 스스로 호의적인 평가를 유지해야 하는지도 알고 있다. 현대 사회에 오신 것을 환영한다.

현실에서는 좋든 나쁘든 혹은 이도 저도 아니든, 인간을 단정적으로 정의할 방법이 없다. 자기 신념은 실제로 오마하에 살고 있는 사람이 자기가 오마하에 산다는 것을 아는 것과는 다르다. 왜냐하면 그는 실제로 오마하에서 살기 때문이다. 반면 자기 신념은 진실에 댈 수 있는 근거가 없기 때문에 신념은 오로지, 자기 평가나 견해가 달갑든 달갑지 않든, 스스로 믿는 것만을 반영한다.

근래 들어 가장 성공한 록스타가 빛나는 성공의 또 다른 트로피를 거머쥐려 하고 있다. 엉엉 우는 바로 그 순간에 말이다.

이 구조에 갇혀 있는 사람들은 대부분 오랫동안 달갑지 않은 신념을 스스로 감출 수 있다. 신념이 흉한 머리를 쳐드는 상황을 경험하는 일은 드물다. 그러나 아티스트는 부유하든 가난하든, 성공했든 그렇지 않든, 자신의 진실 속으로 깊이 파고들어야 한다. 자신에 대한 정직self-honesty은 아티스트와 떼려야 뗄 수 없는 관계다. 예술가는 가장 깊은 진실에 들어가야 한다. 계속해서 파헤쳐 자신의 핵심까지 들춰서 거기 있는 모든 걸 볼 수 있어야 한다. 나쁜 것, 좋은 것 그리고 그 둘 사이에 존재하는 모든 것을. 그 모든 것을 노출해서 더는 자신이나 타인에게 좋게 보이기 위해 숨기거나 애쓸 곳을 남기지 않는 것이다. 존엄성, 자기 존중 또는 믿음 그 어떤 것에도 매달릴 수 없다. 이것들은 모두 우리가 찾는 진실에 비추어 보면 허상에 지나지 않는다. 진실을 파악하는 데는 힘과 용기가 필요하며, 그렇지 않으면 다른 무엇도 건드릴 수 없는 예술의 '진짜'에 닿을 수 없다.

레이디 가가는 달갑지 않은 신념을 고스란히 지녔으나 매진을 기록해 준 관객들 앞에 서서 감동적인 공연을 선사했다. 그녀가 자기 자신에 대해 어떻게 생각하는지가 그녀의 창조 과정에는 아무런 상관도 없었기 때문이다. 단 한 부분도.

자신에 대해 알아가기

우리가 탐구할 원칙 중 하나는 달갑지 않은 신념을 포함하여 자신에 대해 실제로 믿고 있는 것이 무엇인지를 알아 가는 것이다. 이는 신념을 바꾸자는 것이 아니고 오히려 자신이 지닌 신념에 '능숙해지기 fluent' 위함이다. 이상을 지니게 되는 한 가지 이유가 달갑지 않은 신념을 자신에게서 감추기 위해서인데, 신념이 무엇인지 알게 되면 더는 감출 이유가 없을 것이다. 중요한 것은, 달갑지 않은 신념을 가지고 있다고 해도 가장 높은 열망을 창조하고 가장 깊은 곳에 자리한 가치에 맞춰 살아가는 데 아무런 지장이 없다는 점을 이해하는 것이다. 자신에 대해 어떻게 생각하든 삶을 구축하는 과정과는 관련이 없다. 물론 이런 말이 그동안 살아오면서 내내 들었던 말과 정반대된다는 것을 알고 있다. 당신이 그동안 들어 온 '네가 자신에 대해 어떻게 생각하는가에 따라 너의 운명이 결정된다' 같은 말은 한마디로 틀렸다! 이것은 혁명이다!

혁명

저자로서 우리는 우리 주장의 결과를 잘 알고 있다. 자신에 대해 스스로 부정적인 평가를 내릴 수 있다고 하면 대부분의 사람은 우선 반감부터 느낄 것이다. 특히 자존감과 잠재의식 프로그래밍의 세상에 살고 있는 사람들은 더 그럴 것이다. 근본적인 구조를 이해하지 못하면 그럴 수밖에 없다. '좋은 게 좋은 거'라는 식으로 살다가 어떤 역학이 작동하는지 온전히 이해할 기회를 만나면 그제야 구조를 이해하고 마음을 바꿀 여지가 생길 것이다. 전향자들이야말로 큰 힘을 가지고 있다. 실은 과거 자존감과 긍정적 사고에 관한 세미나를 주최했던 사람들 중에도 자신들의 접근법이 수강생들에게 장기적으로 역효과를 내는 것을 직접 체험한 이들이 있다. 또 자존감 운동을 조사한 일련의 새로운 연구들에서조차 이런 운동이 도움이 되지 않을 뿐 아니라 오히려 해롭다는 결론이 나오기도 했다.

심리학자 앨버트 엘리스는 자존감 운동이 근본적으로 자멸적이며, 궁극적으로 파괴적이라고 했다. 자존감의 철학은 비현실적·비논리적이며, 자기 자신은 물론 사회적으로 부정적이어서 좋기보다는 해롭기 십상이라는 것이다. 또한 자존감은 임의적인 정의를 따르기 때문에 지나친 일반화로 흐르거나 완벽주의 또는 거창한 이상에 얽매이게 되며, 그 결과 비합리적·비윤리적인 행태라고 했다.

심리학자 로이 F. 바우마이스터와 저널리스트 존 티어니 역시 자존감의 이점이 장기적으로는 상당한 역효과를 일으킬 수 있으며, 부모가 자녀에게 자존감을 강조하면 오히려 자녀의 자제력을 망치게 된다는 것을 관찰한 바 있다.

심리학자 돈 포사이스와 그의 동료들은 자존감이 중요하다는 주장의 유효성을 실험했다. 성적이 저조한 학생들을 두 그룹으로 나눈 뒤 한 그룹에는 낮은 시험 점수와 연습 문제를 이메일로 보냈고, 다른 그룹에도 낮은 시험 점수와 연습 문제를 보내면서 '고개와 자존감을 빳빳이 들고 다니세요' 같은 자존감을 북돋는 격려의 문구를 함께 보냈다. 결과는 예상 밖이었다. 격려의 문구를 주지 않은 참가자들은 이후 시험에서도 비슷한 점수를 받은 반면, 자존감에 관한 격려를 받은 참가자들의 시험 점수는 확연히 떨어졌다. 자존감을 높이는 응원이 역효과를 일으켜 실패로 이어진 것이다.

아마존에는 자존감에 관한 책이 114,500여 권 있다. 이 책들 대부분은 자기가 실제로 생각하는 것을 생각하지 말아야 한다고 하거나, 실제로 가지고 있는 자신에 대한 신념을 가지면 안 된다고 설득한다. 꺼림칙한 진실, 즉 자신에 관한 믿음을 바꾸는 일에서 할 수 있는 게 많지 않다는 사실을 드러내는 역학에 대해서는 아무런 관심이 없다. 만약 독자 여러분 가운데 이 사실 때문에 '망했다'고 생각하는 사람이 있다면, 사실은 그렇지 않다는 것을 알아야 한다. 자존감과 자기계발 쪽 사람들이 만들어 놓은 기본 가정은 자신에 대해 어떻게 생각하느냐가 성공의 기회와 관련 있다는 것인데, 다시 소리 높여 말하고 싶다. "도대체 그 사람들은 성공한 사람들의 전기를 한 번도 안 읽었단 말인가?"

진 M. 트웽이는 『제너레이션 미 Generation Me』에 이렇게 썼다. "젊은 아시아계 미국인들은 여러 민족 집단 가운데서 가장 높은 학업 성취도를 나타내며, 아시아계 미국인 중 성인들은 가장 낮은 실업률과 가장 높은 중위 소득을 기록하고 있다. 아시아 문화가 자존감에 집중하기보다는 열심히 일하는 것을 중시하는 경향을 보이는데, 이것이 더 나은 성과를 얻는 이유가 아닐까 한다. 이것은 자기 믿음이 성공에 중요하다는 현대 미국인들의 생각이 옳지 않다는 점을 강력하게 시사한다."

누구든 자신에 관해 실제로 생각하는 내용을 좋아하지 않을 수 있다. 문제는 이상/신념/현실 충돌 구조에서는 구조 자체가 이 달갑지 않은 신념을 가려 버리기 때문에 삶이 의도치 않은 방향으로 나아가기 쉽다는 것이다. 즉, '가장 중요한 것을 성취하려는 진정한 욕망에 대한 충실함' 대 '진실된 신념을 가리는 이상에 맞춰 살려고 애씀'의 투쟁이 일어난다.

무엇을 할까?

이 책 전체를 통해 우리는 자신에 대해 어떻게 생각하든 인생 구축의 과정과는 아무런 상관이 없다는 깨달음의 방향으로 독자들을 안내할 것이다. 이 변화는 미래를 위해 적절한 토대를 쌓는 시작이며, 그 토대 위에서 여러분은 자신이 원하는 삶을 창조할 수 있는 자신만의 능력을 숙련해 나갈 수 있다.

우리는 지금 당장이라도 이 깨달음의 시작 지점에 진입할 수 있다. 그렇게만 해도 좋은 시작이 될 것이다. 물론 그 뒤로도 수많은 과정이 기다리고 있다. 이 과정으로 일어날 변화가 불러일으킬 위대한 결과는 이전의 삶에서 한 번도 경험해 보지 못한 자유가 될 것이다. 시간이 지나가면서 열려 있음과 호기심, 자신에 관한 생각에 속박되지 않는 진정한 욕망이 계속 이어지고 성장하는 변화를 채워 나갈 것이다.

이 장에서 얻어야 할 것

- 우리에게는 달갑지 않은 신념이 있다.

- 이 신념이 너무 위협적이어서 우리 마음은 자신도 모르게 그에 반대되는 이상을 고안해 내며, 이것으로 신념을 자신에게 감춘다.

- 우리는 확언 또는 이상에 대한 경험의 목록을 만들어 이 믿음을 극복해 보려 애쓴다.

- 어느 경우든 우리가 하는 행동은 역효과를 내며 달갑지 않은 신념을 강화하는 결과를 도출할 뿐이다. 자신을 '그런 식'으로 생각하는 사람이 아니라면 굳이 자신이 '그런 식'이 '아님'을 증명할 필요가 있을까?

- 달갑지 않은 신념은 현실에 바탕을 둔 것이 아니므로 변하지 않을 것이다. '그러나' 자신이 어떻게 보이는가가 아니라 창조하고 싶은 것에 삶의 중심을 다시 맞출 수만 있다면 자기 자신에 대해 어떻게 생각하느냐는 아무런 상관이 없어진다.

- 실제로는 자신이 어떻다고 생각하면서 그렇게 생각하지 않는다고 스스로 납득시키는 데 시간을 허비하지 마라.

- 자신에 대해 어떻게 생각하든 인생 구축의 과정과는 아무런 상관이 없다.

- 이 모든 요점은 하나의 계시가 되어 우리의 삶을 바꿀 수 있다!

3장

나는
누구인가?

당신은 자기 자신을 어떻게 정의하는가? 매일 쓰는 향수에서 부터 타고 다니는 자동차, 사는 곳, 벌어들이는 수입, 자녀가 얼마나 성공했는지, 정치적 견해, 종교, 직업에 이르기까지 대답할 수 있는 것들은 많다.

어떤 만찬에 경제 전문가 두 사람이 참석했다. 그중 한 명이 한 개인의 가치는 그 사람이 벌어들이는 돈의 액수와 직접적으로 연관되어 있다는 주장을 펼치기 시작했다. 다른 한 명은 돈을 많이 벌지 못한 학자였다. 논의를 할수록 첫 번째 전문가가 자신의 생각에 심취해, 인간의 가치가 소득과 직결된다는 믿음을 점점 더 공고히 하느라 자신도 모르는 사이에 동료 학자에게 무례한 말까지 하게 되었다. 그의 태도는 한마디로 '극단적'이었다.

어떤 개념이 극단적일수록 명료하다. 즉, 그 텅 빈 실체가 잘 보이는 것이다. 반면 어떤 개념이 미묘한 뉘앙스로 표현된다면 그 개념을 발견하기가 더욱 어렵다. 그럼에도 불구하고 극단적이든 미묘하든 개념의 실체는 다르지 않다.

많은 사람에게 세속적인 성공은 다른 이들, 심지어 자기 자신까지 평가하는 기준이 된다. 자신의 비싼 장난감들을 있는 대로 세상 사람들에게 내보이는 행위를 '과시적 소비'라고 부른다. 이 이론을 개발한 경제학자 소스타인 베블런에 따르면, 부유한 사람들의 과도한 지출은 상품이나 서비스를 향유하기 위해서가 아니며, 그보다는 부와 지위를 다른 사람들에게 과시하고 싶은 욕구가 일차적 동기라고 한다.

많은 사람이 '나는 누구인가?'라는 질문이야말로 우리가 자신에게 물어볼 수 있는 가장 중요한 질문이라고 한다. 그렇다면 그 이유는 무엇일까? 이 질문에 답하기는 불가능하지만, 굳이 답해야 한다면 일단 이것부터 물어봐야 한다. "누가 알고 싶어 하는가?"

간단한 논리를 이용해 보자. 우리는 우리의 소유물이 될 수 없다. 우리가 무언가를 '가지고 있다'고 해서 우리가 그것이 될 수는 없다. 그것을 가지고 있는 우리일 뿐이다. 그러므로 우리가 가지고 있는 그 무엇도 우리 자신이 될 수는 없다. 우리는 자동차가 될 수 없고, 훌륭한 외모, 착한 마음씨, 정당, 시민의식, 강령, 신념, 종교, 재산, 업적, 실패, 성공, 은행 계좌가 될 수 없다.

당신은 과거에 자신을 어떤 식으로 규정했는가? 혹시 자신을 무언가로 규정한 근거가 성취, 실패, 교육, 자신이 속한 그룹, 생각, 정치, 성적 매력, 지성, 도덕률, 영적 계율 또는 그 외 다른 것들에서 영향을 받지 않았는가? 이렇게 물어보는 것은 우리 모두 자신이 소유한 것(또는 소유에 실패한 것)이 어떻게든 자신을 정의한다는 생각의 함정에 빠지기 쉽기 때문이다.

우리는 종종 직업으로 사람을 정의한다. 의사는 전문적으로 사용할 수 있는 의학적 지식과 기술을 습득한 사람이며, 파일럿은 항공 분야에서 사용할 수 있는 또 다른 기술과 지식을 지니고 있다. 음악가, 택시 운전사, 심해 잠수부, 컴퓨터 수리 기사 등도 마찬가지로 각각 기술과 지식을 지니고 있다.

이런 식의 정의는 사실을 기반으로 하며, 저마다의 객관적인 현실이 있다. 그러나 이런 것들이 한 사람의 본질을 정의할 수는 없다. 또한 그가 지닌 능력, 지식, 재능, 기술 또는 전문성의 역량도 마찬가지로 사람을 정의할 수 없다. 어떤 직업이든 특정한 적성, 타고난 능력 또는 학습 능력을 필요로 할 수 있다. 그리고 탁월한 성취를 바탕으로 이런 직업을 가질 수 있는 자격을 얻으면 그 성취를 높이 평가하기도 한다. 그렇다고 여전히 '나는 누구인가?'라는 질문에 대한 답이 직업이 될 수는 없다. 우리가 우리의 소유물일 수는 없기 때문이다. 우리가 자동차가 될 수 없는 것과 마찬가지로, 우리의 성취 또는 우리가 지닌 기술 역시 우리 자신일 수 없는 것이다.

어쩌면 자신이 누구인지를 말하는 것보다 '자신이 아닌 것'을 설명하는 편이 더 쉬울 수도 있다. 세상은 특정한 세계관을 상례로 따르는 일반화된 대답들로 가득 차 있다. 영적 견지에서 보면 우리는 물질 속으로 들어간 영이거나, 사랑이거나, 구원받아야 할 죄인이라고 할 수 있다. 심리학적 관점에서 보면 우리는 자신의 병리이며, 정신적 장애, 문젯거리, 의식의 억압된 영역, 과거의 트라우마, 게슈탈트gestalt(부분이 모여서 된 전체가 아니라, 완전한 구조와 전체성을 지닌 통합된 전체로서의 형상과 상태를 의미한다―옮긴이)다.

공산주의자의 시각에서 보면 우리는 프롤레타리아(노동자), 자본가(프롤레타리아를 착취하는 자), 부르주아의 일원(자본가의 도구) 중 하나다. 카를 마르크스에 따르면 이런 역할들은 계급투쟁으로 이어진다. 다른 이념과 마찬가지로 공산주의는 유독 정체성에 호소하려 든다. 지지자들은 좋은 사람, 당의 노선을 따르지 않는 이들은 나쁜 사람이 된다.

동양철학의 관점에서 보면 우리는 미망과 업보에 의해 가로막힌 '상위 자아 higher self '다. 이 철학에서 비롯된 이상은 '깨달음에 도달하면 궁극적으로 자기 본성을 알고 그 전에는 아예 불가능하다고 여긴 경지에 이르게 될 것'이라는 것이다.

이처럼 누구든 깊이 지켜 나가는 신념과 관념을 지니고 있다. 그렇다고 우리가 곧 우리가 지닌 관념이 될 수는 없다. 우리는 우리가 소유한 무엇이 될 수 없기 때문이다.

그러므로 여기서 얻을 수 있는 아주 쓸모 있는 통찰은 '우리가 아무리 자기 자신을 규정해 보려고 노력해도 모두 헛수고

이며 반드시 오해의 소지가 생긴다'는 것이다. 우리는 자신이 어떤 존재인지 말할 수 있는 능력이 없으며, 그것은 다른 누구도 마찬가지다. 이 질문에는 정확한 답이 존재하지 않으므로 올바른 답도 없다. 그런데도 사람들은 자신에 대해 어떻다고 정의하는 것을 좋아한다. 그게 자신에게 자리 있는 느낌, 소속감, 다른 사람과의 관계에서 자신이 어떤 지점에 있는지 파악하고 있다는 느낌을 주기 때문이다. '나는 쌍둥이자리의 기운을 지닌 양자리야', '강박적인 성격이지', '난 B형 행동양식을 지니고 있어', '채식주의자야' 등등. 한편으로는 파일럿이나 의사 같은 직능적 규정은 유용할 수 있다. 그러나 이런 규정 역시 우리가 누구인가에 대한 깊은 본질을 꿰뚫지는 못한다. 기껏해야 우리가 하는 일을 말해 주는 정도일 뿐이다.

개중에는 우리라는 존재가 삶에서 경험하고, 배우고, 생각하고, 행하고, 알고 있는 모든 것의 총합이라고 주장하는 사람들도 있다. 그러나 우리는 지금도 이 모든 경험을 하기 전, 기술을 개발하기 전, 지식을 축적하기 전과 동일한 사람이다. 예를 들어 당신이 새로운 경력을 쌓기 위해 노력한다고 했을 때, 새 일을 시작하기 전에도, 새 일을 하는 데 필요한 걸 배우는 중에도, 당연히 새 일에서 베테랑이 된 후에도 당신은 여전히 당신이다.

우리는 자신에 대해 이런저런 이야기를 할 수 있지만, 이것들이 우리가 누구인가를 말해 주지는 않는다. 우리는 좋아하는 것과 싫어하는 것이 무엇인지 말할 수 있고, 두려워하는 것과 사랑하는 것이 무엇인지 말할 수 있으며, 자신의 가치와 열망이 무엇인지 알 수 있고, 좋은 습관과 나쁜 습관이 무엇인지 설명할 수 있다. 사랑하는 사람들에게 마음을 쓸 수 있고, 종교와 영적 믿음을 견지할 수 있으며, 자신에 대해 많은 것을 이해할 수 있다. 그러나 역시 우리가 알고 있는 것들이 우리는 아니다.

사실 자신에 관해 아는 것은 좋은 일이다. 자신의 가치와 열망, 패턴, 호불호, 삶을 구축하는 과정의 모든 귀중한 정보 등을 아는 것은 좋다. 그러나 이 유용한 지식을 더 심오한 질문, 즉 우리가 누구인가와 혼동해서는 안 된다.

데이비드 보위는 자신에 대해 이런 말을 했다. "나는 나 자신을 규정하거나 내가 누구인지 자문해 보려 하지 않았어요. 그런 걸 덜 물어볼수록 더 편안하더라고요. 그랬더니 지금은 나 자신에 대한 지식이 전혀 없어서 그런지 지극히 행복합니다." 연기 수업의 전설로 불리는 스텔라 애들러는 이렇게 말했다. "나 자신을 포함해서 대부분의 사람이 이런 질문을 하곤 하죠. '내가 누구지, 나는 누구야?' 그러다가 어떻게 해야 할 줄 모르는 심각한 곤경에 처했다는 걸 깨달았죠. 내가 누구인지 알아낼 방법을 모르겠더라고요. 한참 괴로웠죠. 그러다 우연히 어느 작가가 한 말을 접하게 됐어요. '자신이 누구인지 알려고 애쓰지 마라. 그보다는 자신이 무엇을 할 수 있는지 아는

것이 더 낫다. 그 일을 헤라클레스처럼 해 나가라.'" 그 작가는
토머스 칼라일이었다.

여기서 얻을 수 있는 교훈을 한마디로 하면 이렇다. '자신이
누구인가 하는 질문은 버려라.' 이런 식의 존재론적 미스터리
에서 벗어나 자유로워지라는 것이다. 어차피 우리는 알지 못
하며, 알 수도 없다. 다른 사람들이 제시하는 답변에 속지 말
자. 그들 나름대로는 신실하고 진지하겠지만 아무도 해답을
모르기 때문에 도움이 되지 않을 것이다. 우리를 현혹하는 이
런 개념들이 한동안은 평안을 가져다줄 수도 있겠지만, 듣기
좋은 거짓이라는 게 늘 그렇듯이 그런 위안은 빠른 속도로 바
닥을 드러낸다.

이 장에서 얻어야 할 것

• 우리는 자신이 누구인지 모른다. 그러나 그건 전혀 중요하지 않다.

4장

보이지 않는 구조

대부분의 사람은 자기 삶이 어떻게 펼쳐질지를 결정하는 구조가 작동하고 있다는 것을 모른다. 이 구조들은 대개 보이지 않으며, 되풀이해서 발생하는 패턴을 만들어 낸다. 만약 우리가 한발 물러서서 더 큰 관점으로 우리 삶을 바라볼 수 있다면, 두 가지 유형의 패턴이 존재하는 것을 알게 될 것이다. 바로 '진동oscillating'과 '전진advancing'이다. 진동 패턴은 흔들의자와 같다. 앞으로 움직여도 결국 뒤로 움직이는 것으로 이어진다. 즉, 중요한 목표를 이루기 위해 노력해서 실제로 그걸 이루었다고 해도 이야기의 후반부에서 다시 뒤집혀 버린다. 어떻게든 일이 잘못된 방향으로 가서 기껏 이룬 성공을 잃어버리게 되는 것이다. 이야기마다 세부적인 요소들은 달라질 수 있겠지만, 패턴 속의 전체적인 단계는 똑같다. 이 현상을 전문 용어로 '거시 구조macrostructure' 패턴이라고 한다.

또 다른 유형의 패턴, 즉 전진 패턴은 더 좋은 결과로 이어진다. 이 패턴에서는 성공적인 성과를 거두면 그것이 미래의 성공을 위한 플랫폼이 된다. 성공이 지속되면서 앞의 성공이 다음번 성공의 토대가 되는 것이다.

이 책은 당신의 인생에서 전진 패턴을 창조할 수 있게 돕고 자 한다. 이 목적을 이루려면 책 제목의 '정체성'을 잘 생각해 봐야 한다. 책을 계속해서 읽어 가다 보면 정체성 문제가 어떻게 해서 성공을 역전시켜 버리는 진동 패턴으로 우리를 이끌어 가는지 알 수 있게 될 것이다. 정체성의 다양한 측면을 탐색하면서, 당신은 자멸적인 진동 패턴에서 인생 구축 과정을 위한 최고의 기반인 전진 패턴으로 옮겨 가는 기회를 누릴 것이다.

근본 구조

근본 구조가 행위를 결정짓는다. 빌딩을 걷는다고 생각해 보자. 어디를 지나가게 될지 결정하는 것은 건물의 구조다. 한 층에서 다른 층으로 어떻게 갈지, 어느 복도를 지나갈지 등등. 또한 도로 체계의 구조가 자동차를 어디로 운전해 갈 수 있는지(어디로 운전해야 하는지)를 결정하며, 슈퍼마켓에서는 식료품이 어느 통로에 어떻게 진열되어 있는지에 따라 쇼핑의 경로가 결정된다. 이런 물리적 구조와 마찬가지로 우리의 인생도 따르게 되는 경로가 있다. 우리를 어느 한 방향으로 몰아붙이는 장소가 있고, 간혹 막다른 길로 가야 할 때가 있으며, 우회로가 없는 일방통행로로 들어갈 수밖에 없는 상황이 발생하기도 한다.

만약 진동 구조에 갇혀 있다면 아무리 간절해도, 아무리 강한 의지를 지녀도, 아무리 결연하고 능력 있고 훌륭해도 이야기의 진행은 늘 그래 왔던 식으로 반복될 뿐이다. 성공이 계속되지 않을 것이다. 반드시 반전이 도사리고 있으며, 결국 바라던 것을 잃게 된다. 사업 성공은 사업 손실로 바뀔 것이며, 최고의 대인관계는 끊어질 것이다. 순조롭게 시작한 프로젝트도 어느 순간 무너지고 소실된다.

그럴 때 우리는 팔자려니, 운세가 그렇겠거니, 혹은 업보라든가 운명이라고 생각하는 경향이 있다. 그러나 이 중 어느 것도 맞지 않다. 그렇게 되는 진짜 이유는 우리가 속해 있는 구조 때문이다. 다시 한번 원리를 반복해 강조하자면, 구조가 행위를 결정하기 때문이다. 좋은 소식은 만약 구조를 바꾸면 패턴도 바꿀 수 있다는 것이다. 이 장에서 제공하려는 것이 바로 자신의 근본 구조를 바꿀 수 있게 하는 몇 가지 기본적인 통찰이다. 이에 따르면 성공이 실제로 이루어지고, 각각의 성공이 다른 성공을 위한 플랫폼이 된다.

패턴

많은 사람이 삶을 개선하기 위해 애쓴다. 그러나 영웅적인 노력을 쏟아붓고도 아무것도 바뀌지 않았다는 사실을 깨닫게 되는 일이 허다하다. 일이 되어 가는 것을 결정하는 근본 구조 속에 자신이 들어가 있다는 것을 모르는 탓이다. 구조가 작동하는 원리를 이해하지 못하면 대개는 자신이 충분한 끈기를 발휘하지 못했다거나 능력이 부족하다, 신념이 틀렸다, 또는 단순히 운이 나빴다고 생각하기 쉽다. 그래서 많은 사람이 스스로 틀렸다는 사실을 상쇄하기 위해 더 확고한 마음가짐으로 노력하거나, 능력을 계발하거나, 또는 '옳은' 신념을 받아들이려 하거나, 운을 바꾸려고 애쓰기도 한다. 그러나 결국 아무런 효과가 없었을 것이다. 구조의 근본적인 원리를 속이기는 불가능하기 때문이다.

그러나 근본 구조와 '함께' 움직이는 것은 가능하다. 그렇게 하면 구조를 바꿀 수 있고, 패턴도 달라지며, 새로운 삶을 영위할 수 있다. 새 구조는 백지상태에서 모든 것을 다시 시작하는 것과 비슷하다. 과거가 어땠는지와 상관없이 새로 시작하는 능력이다. 따라서 구조에 대해 배우고 구조를 바꾸는 데 필요한 것이 무엇인지 파악하는 것이 실제로 인생의 전환점이 될 수 있다.

근본 구조의 변화 없이 나쁜 습관을 고치려 했을 때 나쁜 습관은 어김없이 되돌아온다는 것을 경험했을 것이다. 우리는 이런 실패를 개인적인 문제로 받아들이기 십상이다. 자신이 뭔가 잘못했을 거라고 생각하거나, 더 심한 경우 자신에게 문제가 있다고 생각해 버리는 것이다. 실은 잘못된 게 없다! 다른 사람을 우리 대신 정확히 똑같은 구조에 들여보내면, 그 사람도 역시 정확히 같은 패턴을 반복할 것이다.

사례를 하나 들어 보자. 회사에서 특정한 직무를 잘 수행하지 못하는 사람이 있다. 그는 업무를 더 잘 수행할 수 있도록 여러 방법으로 노력하지만, 얼마 후 결국 그 자리는 다른 사람으로 대체된다. 그런데 또 얼마 후, 새로운 사람 역시 이전 사람에게서 보였던 문제가 전혀 개선되지 않은 채 똑같은 방식으로 업무를 수행하고 있다는 사실이 드러난다. 이런 상황은 아주 작은 사업체에서 아주 큰 글로벌 기업에 이르기까지 어디에서나 똑같이 나타난다.

개인이 아니라 구조가 일이 되어 가는 것을 결정하기 때문이다. 만약 자신이 그 교체된 사람이라면 일의 실패를 개인적인 탓으로 받아들이려 할 수도 있을 것이다. 그러나 누구든 똑같은 위치에 놓였을 때 마찬가지로 실패한다는 것은 그 일이 특정한 개인이 아닌 직무의 구조와 연관되어 있다는 점을 방증한다.

우리가 생각한 대로가 아니다

우리는 지금 하는 행동을 왜 할까? 사람들은 DNA의 작용, 심리, 문화적 배경, 교육이나 신경학상의 이유, 심지어 점성술(별자리) 등 다양한 요인을 이야기한다. 그러나 앞선 예에서 봤듯이 DNA나 심리 그리고 그 외 요인들보다 훨씬 강력하게 우리 행동을 촉발하는 것이 있다. 그 직무에 새로 투입된 사람이 전임자와 아주 다른 심리적 프로필과 완전히 다른 문화적 배경과 교육 경험을 지니고 있다고 해도 패턴이 동일할 수밖에 없는 이유, 즉 구조가 사람들이 중요하게 여기는 다른 모든 요소보다 훨씬 강력하게 작용한다.

구조의 작동 방식은 간단하다. 진동 구조에 갇혀 있으면 삶을 바꾸려고 애써도 결국 출발했던 바로 그 지점으로 되돌아오게 된다는 것이다. 지금까지의 경험을 한번 되새겨 보자. 무언가를 시작하고, 그걸 창조하기 위해 최선을 다하고, 심지어 한동안은 손에 쥐기도 했는데 이야기의 후반부에 가서 원하던 결과를 놓쳐 버린 일이 얼마나 많았는지를 말이다. 사실 우리 모두에게는 이런 스토리가 있다. 물론 원하는 무언가를 추구해서, 창조해 내고, 진정한 성공에 이르는 스토리도 있다. 현실의 우리 삶에는 두 가지 패턴이 모두 존재한다. 중요한 것은 우리가 대부분의 시간을 어느 패턴에서 보내느냐 하는 것이다.

진동 패턴의 가장 흔한 사례는 체중을 감량하려는 사람들에게서 나타난다. 과체중인 사람들이 다이어트에 돌입하고, 체중을 줄이고, 목표 체중에 도달한 다음 다시 조금씩 체중이 늘기 시작해, 사이클의 마지막에는 다이어트를 하기 전보다 더 체중이 느는 것으로 끝나고 만다. 의학 문헌에서 '상습성 recidivism'이라는 말로 표현되는 진동 패턴은 사실 85퍼센트의 빈도로 발생한다. 대중에게는 '요요 현상'으로 알려진 다이어트 사이클은 구조가 작용한다는 사실을 모르는 채 다이어트 프로그램에 등록하는 거의 모든 사람이 겪게 되는 운명이다.

한발 뒤로 물러서서 보면 자신의 인생에서 일어난 많은 사건이 일관된 패턴대로 펼쳐졌다는 것을 알게 될 것이다. 춤을 출 때처럼 스텝도 비슷비슷하고 결국 익숙한 엔딩으로 이어진다. 구조가 변하지 않으면 모든 일이 평소의 패턴에 따라 일반적인 방식으로 진행될 것이 뻔하다. 우리가 진동 패턴 안에 갇혀 있으면, 성공은 지속적이지 않으며 결국에는 역전이 일어나 원하는 곳에서 우리를 멀리 떨어뜨려 놓을 것이다. 그러나 구조를 바꾸면, 진정한 변화가 지속적으로 이루어질 가능성이 생길 뿐 아니라 그렇게 될 확률도 확 높아진다. 성공이 크고 아름답게 이어지는 것이다.

구조

구조에 대한 설명은 조금 전문적이지만 익혀 둘 필요가 있다. 이는 우리가 알아야 할 원리를 보여 주고, 근본 구조를 변화시킬 기회를 누릴 수 있게 도와줄 것이다. 그 결과는 원하는 인생을 창조할 수 있는 최고의 기회가 될 것이다.

그렇다면 구조란 무엇일까? 우선 정의부터 보자. '구조는 부분으로 이루어진 단일한 사물을 가리키는 용어다. 이 부분들은 서로 영향을 주고받는다.'

좀 더 세부적으로 들여다보자.

첫째, 하나의 구조는 하나의 전체를 형성한다. 구조는 그 자체로서 자족적인 완전체다. 자동차는 하나의 구조다. 빌딩도 하나의 구조다. 노래도 하나의 구조다. 우리 몸도 하나의 구조다. 컵도 하나의 구조다. 의자도 하나의 구조다.

다음은 '부분'이다. 즉, '이 하나의 사물에는 다양한 것들이 들어 있다'는 것이다.

마지막은 '부분이 서로 영향을 주고받는다'는 것이다. 의자는 다리와 앉는 자리, 등받이, 그 외 다양한 지지대 등의 부분들로 이루어진 완전체다. 각 부분은 다른 부분을 떠받친다. 예를 들어 의자 다리 하나를 빼 버리면 의자의 상태는 안정에서 불안정으로 바뀐다. 이것은 우리가 부분을 바꿀 수 있다면 구조 자체가 바뀐다는 것을 보여 준다. '세상의 모든 것은 그 근본 구조가 행위를 결정짓는다'라는 원칙을 되새기면서 다시 생각해 보자. 의자에서 다리 하나를 빼내면 그 의자에는 이제 앉을 수 없게 된다.

당연히 자동차는 여러 부품이 결합되어 만들어진다. 그러나 부품들만으로 자동차가 완성될 수는 없다. 자동차 부품을 하나도 빼놓지 않고 바닥에 늘어놓는다고, 자동차가 되지는 않는다. 자동차로 기능하기 위해서는 부품이 올바른 방식으로 조립되어야 한다. 그러므로 전체 구조는 부분들의 개수일 뿐 아니라 부분의 구성(방식)이기도 하다. 이후 인생 구축 과정을 강화하기 위해서 자신의 구조를 바꾸는 것에 대해 설명할 때, 이 구조에 대한 이론이 빛을 발할 것이다.

긴장은 해소를 추구한다

구조가 제 방식으로 작동하는 이유는, 한마디로 긴장이 해소를 추구하기 때문이다. 여기서 '긴장'이란 우리가 말하는 스트레스, 불안, 압박감이 아니다. 우리는 지금 물리학에 대해 이야기하고 있다. 우리가 사는 세상의 너무나 많은 부분이 긴장-해소 시스템에 의존하여 작동한다. 예를 들어 우리 몸의 근육도 긴장했다가 이완하며, 일부 근육이 긴장할 때 다른 근육이 이완하기도 한다.

비행기는 베르누이의 원리라는 긴장-해소 시스템에 의해 하늘을 난다. 장력은 비행기 날개의 상단과 하단에 가해지는 기압의 차이에 의해 생성된다. 이렇게 두 기압 측정값의 차이로 인해 장력, 즉 '긴장'이 발생하면 자연은 기압을 동일하게 만들어 이 긴장을 '해소'하고 싶어 한다. 그리고 이 목표를 달성하기 위해 어마어마하게 무거운 비행기를 공중으로 띄우는 것이다.

> 비행기의 날개는 날개 위쪽에서 공기가 더 빠르게 움직이도록 형태가 만들어져 있다. 공기가 더 빠르게 움직이면 공기의 압력은 감소한다. 따라서 날개 위쪽의 압력이 날개 아래쪽의 압력보다 낮아지고, 이 압력의 차이가 날개를 공중으로 띄우는 힘을 날개에 부여해 준다.
>
> _ NASA(미국항공우주국)

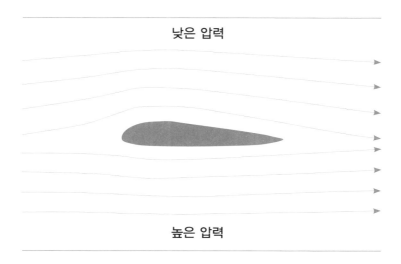

긴장은 한 가지와 다른 한 가지의 차이에 의해 형성된다. 예를 들어, 배고픔은 몸이 원하는 식품의 양과 몸이 실제로 지닌

식품의 양의 차이에 의해 형성된다. 이렇게 형성된 긴장은 해소를 추구한다. 몸이 원하는 식품의 양과 몸이 실제로 지닌 식품의 양을 정확히 일치시켜 차이를 없애려 하는 것이다. 과학적으로 더 엄밀하게 표현하자면, 몸이 필요로 하는 에너지의 양과 몸이 언제라도 가용할 수 있는 에너지의 양의 차이라고 할 수 있다. 이것이 긴장이다. 그리고 몸에서 필요한 에너지가 충족되었을 때 해소되었다고 한다.

이 원리를 좀 더 전문적인 방식으로 표현하면, '해소' 대신 '평형'이라는 말을 쓴다. 즉, '구조는 평형을 추구한다'고 표현하는 것이다. 달리 말하면, 구조 내부에서는 모든 것이 동등하다. 차이가 생기면 자연은 곧바로 차이를 없애는 방향으로 작동한다. 뜨거운 것과 차가운 것은 미적지근한 상태가 된다. 왼쪽과 오른쪽은 중앙으로 유도된다. 높은 것과 낮은 것은 중도를 향해 간다.

따라서 긴장은 에너지를 생성하는 작은 엔진과 같다. 비행기와 우리 몸 같은 물질 형태는 모두 이 시스템에 의존한다. 문학, 시, 연극, 영화 같은 비물질 형태 역시 긴장–해소 시스템에 따른다. 지금까지 봤던 수천 편의 영화를 떠올려 보자. 그것들 모두 긴장–해소 시스템에 바탕을 둔 공통의 형태를 지니고 있다. 어느 작품에나 주인공(영웅)이 등장하며, 그들은 늘 특정한 무언가를 원한다. 올림픽 금메달을 따고 싶다거나, 소녀의 마음을 얻고 싶어 하거나, 일자리를 구하거나, 나쁜 사람들을 물리치거나, 좋은 사람들을 돕는다거나… 이 욕구는 흔히 '반대자'라고 불리는 것들과 대조를 이룬다. 나쁜 사람들, 환경오염을 일으키는 탐욕스러운 기업, 사이코패스, 청부살인자, 사악한 제국 등. 그리고 주인공과 반대자들 모두 같은 것을 원한다. 둘 다 소녀를 원하고, 상을 타고 싶어 하며, 계약을 따내거나 위대한 발명으로 명성을 얻고 싶어 한다. 혹은 서로 반대의 것을 원하기도 한다. 주인공이 지구를 구하고 싶어 하면 반대자는 지구의 파멸을 원한다. 영화에서는 이것을 '극적 갈등'이라고 하는데 '긴장'을 표현하는 또 다른 방식이다.

영화 편수만큼의 플롯 아이디어도 있다. 이것들은 다 해소를 추구하는 긴장의 구조적 원리를 지니고 있다. 러브 스토리의 형식을 예로 들어 보자. 소년이 소녀를 만나고(우리는 둘이 잘되기를 바란다), 대개는 일정한 유형의 오해 때문에 소년이 소녀를 잃는다. 자주 다른 소년이 등장하고(우리는 이 소년이 소녀를 만나는 것을 원치 않는다), 이 소년은 한동안 소녀의 마음속으로 파고들며 앞선 소년, 즉 경쟁자에 대한 의심을 불러일으킨다. 결국 앞선 소년이 소녀의 마음을 다시 차지하게 되고, 두 사람은 오래 행복하게 산다. 여기서 긴장은 두 사람이 함께하지 않을 때 찾아오며, 우리는 두 사람이 함께하기를 바란다. 두 사람이 결국 함께하게 되었을 때, 즉 우리가 원하던 결과가 이루어질 때 긴장이 해소된다.

탐정 이야기에서도 이런 구조를 찾아볼 수 있다. 범죄가 발생했는데 누가 그랬는지 아무도 모르는 상황이다. 우리의 탐정 주인공께서는 단서를 좇아 사건을 해결해 보려고 한다. 그가 진실에 가까이 다가갈수록 나쁜 놈들은 점점 더 위협을 가한다. 그러나 결국 그는 저들의 의표를 찔러 사건을 해결하고 나쁜 놈들을 감옥에 가둔다(혹은 좀 이르지만, 무덤으로 보내기도 한다). 여기서 긴장은 '누구의 소행인가?'이며, 해소는 '악당들이 정의의 심판을 받게 된다'이다.

전형적인 틀의 제임스 본드 영화도 마찬가지다. 제임스는 가공할 위력을 지닌 악의 집단과 맞선다. 그 악의 집단을 이끄는 것은 늘 뛰어난 범죄자다. 이런 유형의 영화에서 제임스는 항상 힘없고 나이 들었으며, 반대자들은 제임스보다 백배는 더 많은 힘을 가지고 있다. 그러나 결국 제임스는 재치와 용기, 대담함으로 불리한 조건들을 모두 극복하고 세상을 구한다.

다음번에 영화를 볼 때는 이런 기본적인 질문을 스스로 해 보자. '누가 주인공이며, 그가 원하는 것은 무엇인가? 반대자는 누구이며, 그가 원하는 것은 무엇인가?' 이에 대한 답이 영화의 극적 갈등을 드러낼 것이다. 그렇게 하다 보면 영화의 구조에 관해서도 더 잘 알게 될 것이다.

이렇게 영화 이야기를 하는 이유는 우리가 구조에 대해 이미 알고 있는 것(그러나 자기가 알고 있다는 사실을 몰랐던 것)이 어느 정도인지 가늠해 보기 위해서다. 구조는 어디에나 있다. 대중문화, 록 음악, TV 광고, 옥외 광고판, 디자인, 패션 등 우리

눈길이 닿는 곳에는 다 구조가 있다. 그리고 이 모든 구조가 딱 하나의 원리에 기반하고 있다. '긴장은 해소를 추구한다.'

구조적 긴장

모두가 알고 있는 긴장-해소 시스템을 꼽으라고 하면 활과 화살을 들 수 있다. 활과 화살을 한 번도 잡아 보지 않은 사람도 누구나 '로빈 후드'는 알고 있으며 '빌헬름 텔'도 안다. 마블 코믹스의 〈호크아이Hawkeye〉를 떠올리는 사람도 있을 것이다. 충분한 장력을 주면 활이 과녁을 향해 나아가게 할 수 있다. 하지만 적당한 장력이 없으면 화살은 쏜 사람의 발치에 떨어지고 만다. 이것은 구조가 행동으로 이어지는 방식을 보여 준다. 적당한 장력, 즉 긴장이 결국 목표를 성취할 수 있게 해 주는 것이다.

그렇다면 이것을 어떻게 인생 구축 과정에 이용할 수 있을까? 사실 이것이야말로 우리가 배워야 하는 가장 중요한 원리 중 하나다. 또한 창조 과정의 정수이며, 역사상 '가장' 성공적인 성취의 과정이라고 할 수 있다. 온갖 예술, 과학, 기술, 사업, 발명, 탐구가 이 원리로 창조되었다. 역사상 가장 성공적인 이 과정을 이용해 우리 자신의 인생을 구축한다고 상상해 보자. 가장 유용한 구조는 '구조적 긴장'이다. 앞에서 살펴본 궁수의 활과 같은 구조적 긴장을 떠올려 보면 된다. 충분한 장력이 주어지면 활은 과녁을 향해 날아간다. 이는 곧 긴장으로 인해 우리의 가장 높은 열망을 이루는 방향으로 행동하기가 훨씬 쉬워진다는 의미다.

구조적 긴장의 개념은 다소 단순하게 들릴 수 있지만, 쉽게 설명할 수 있다는 것에 속으면 안 된다. 구조적 긴장은 두 가지 요소로 이루어진다. '창조하고 싶은 결과물에 대한 명확한 파악'과 '그 결과물과 관련해 자신이 지금 어떤 위치에 있는지에 대한 명확한 파악'이다(예를 들어, 있고 싶은 곳은 어디며 지금은 어디에 있는지 등)'. 이 두 지점 사이의 대비가 아주 유용한 긴장의 형태를 생성해 낸다.

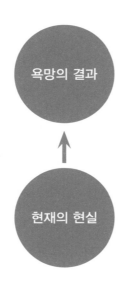

구조적 긴장을 형성하고 나면 기대하지 못한 일이 발생한다. 우리 마음이 목표를 이루는 방법을 떠올리기 시작하는 것이다. 물론 이것은 긴장을 해소하기 위해서다. 자연의 모든 것이 그렇듯, 우리 마음도 긴장의 해소를 원한다. '창조하고 싶은 결과물'과 '목표와 관련해 지금 처한 현실'의 차이를 바탕으로 형성된 생산적인 긴장이 마음을 작동시킨다. 마음은 아이디어를 요리해 현재의 상태를 욕망하는 상태로 끌어갈 때까지 유난히 창의적으로 움직인다. 둘 사이의 차이를 확실히 없애서 긴장을 해소하고 싶어 하기 때문이다.

마음은 두 가지 유형의 아이디어를 생성하는 경향이 있다. 첫 번째는 '관례'다. 유효성이 입증된 수단을 이용해 원하는 결과를 만들어 내는 것이다. 필요한 자원, 즉 리소스만 있으면 다른 사람들이 취했던 행동 유형을 선택해 그들과 비슷한 목표를 달성할 수 있다. 꽤 간단한 방법이다.

그러나 대개는 필요한 리소스를 모두 구하기는 어려워서, 관례적인 수단을 쓸 수 없을 때가 많다. 따라서 두 번째 아이디어의 유형은 '창안'이다. 이 경우에는 새로운 아이디어가 사고 속으로 들어가서 상상력이 풍부해지고, 자원으로 채워지며, 창의적인 상태가 된다. 마음이 목표를 성취할 수 있게 특별히 고안된 새로운 경로를 얼마나 잘 찾는지 놀라울 정도다. '구조적 긴장'은 마음이 정상적으로 작동하는 방식을 뛰어넘어 작동하도록 이끈다.

구조적 긴장이 형성되고 나면 행동이 생성되고, 이 행동들은 특별한 유형의 에너지를 발휘한다. 활을 떠나 과녁을 향해 날아가는 화살처럼 우리의 행동에도 확실한 동기가 부여되기 때문이다. 활시위를 떠난 화살이 정확히 목표를 맞히기 위해 날아가듯이 우리 행동에도 목표를 이루는 목적이 생기는 것이다.

구조적 긴장은 우리 재량으로 쓸 수 있는 가장 강력한 도구지만, 너무 자주 쓰지는 못한다. 앞서 언급한 또 다른 경쟁 구조 때문이다. 이 경쟁적인 다른 구조는 마치 흔들의자가 움직이는 방식처럼 어떻게 될지 예측 가능한 진동 패턴으로 우리를 이끌어 간다. 처음에 성공한 듯 보여도 결국 뒤집히고 끝내 원하는 것을 갖지 못하는 그 패턴이다. 이것을 '구조적 충돌'이라고 한다.

구조적 충돌

최선을 다해 노력하는데 왜 항상 최종적인 성공으로 이어지지 않는지 의아했던 적이 있는가? 그게 바로 앞서 언급한 패턴 때문이다. 원하는 것을 얻기 위해 노력하고, 목표 달성에 필요한 것들을 다 해도 도중에 반드시 무슨 일이 생겨 목표를 완전히 상실해 버리는 것이다. 이 패턴이 발생하는 이유가 무엇일까? 답은 자신이 속해 있는 근본 구조다.

배가 고프다고 해 보자. 여기서 발생하는 긴장은 앞서 말한 것처럼 몸이 요구하는 식품의 양과 실제로 몸이 지닌 식품의 양 사이의 차이에 의한 것이다. 긴장을 해소하기 위해서는 먹어야 한다. 요구되는 식품의 양과 실제 식품의 양이 같아지게 하는 것이다. 이것이 간단한 긴장-해소 시스템이다. 이번에는 과체중인 경우를 생각해 보자. 여기서 작동하는 긴장-해소 시스템은 단순히 배가 고플 때와는 다르다. 이 긴장은 실제 몸무게와 욕망하는 몸무게의 차이에서 생기는 것이다. 이 긴장을 해소하기 위해 대부분의 사람이 하는 노력은 다이어트다. 다

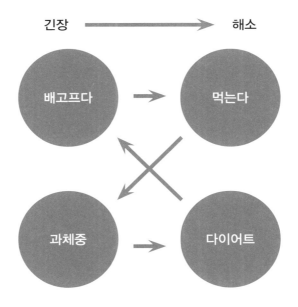

이어트에 성공하면 욕망하는 몸무게와 실제 몸무게가 같아질 것이므로 긴장은 해소된다. 그러나 이 두 가지 긴장-해소 시스템은 동일한 구조 안에서 한데 묶여 있다. 두 시스템 중 하나를 해소하기 위해 움직이면 그것이 경쟁적인 긴장-해소 시스템의 긴장을 증대시킨다.

다이어트는 우리 몸의 적응·생존 메커니즘과 반대로 작용한다. 우리 몸은 에너지를 보존하고 저장하도록 설계되어 있다. 그런데 다이어트를 시작해 에너지 섭취를 제한하거나 운동을 해서 에너지 소비를 늘리면 에너지의 안정 상태에 불균형이 초래된다. 갑작스러운 에너지 제한 또는 소비 증가는 몸에 경고 신호를 보내며, 몸은 배고픔을 일으키거나 배고픔의 감각을 증대시키는 일련의 신경화학적 신호를 조절해 보상 프로세스를 개시한다.

초점이 체중 감량에 맞춰져 있을 때 식사를 제한하는 기간은 개인의 의지력에 달려 있다. 칼로리 섭취를 늘리려고 하는 정상적인 반응을 얼마나 피할 수 있는가 하는 것이다. 그런데 의지력은 안타깝게도 쉽사리 고갈된다. 온갖 음식이 맛과 냄새, 입맛을 돋우는 형태로 언제든 먹을 수 있게 제공되는 에너지 과잉의 세상에서 우리가 배고픔의 해소를 요구하는 강력한 긴장을 상대하기에는 역부족이다. 게다가 우리 몸은 칼로리를 달라고 난리법석이다.

다음 그림은 이 구조에 대한 설명이다. 자신이 방 한가운데 있다고 상상해 보자. 앞쪽의 벽에 '원하는 몸무게'라는 글이 쓰여 있다. 뒤쪽 벽에는 '배고픔'이라고 쓰여 있다. 이제 고무줄이 자신의 허리와 앞쪽 벽에 묶여 있다고 상상해 본다. 이렇게 하면 하나의 긴장-해소 시스템이 만들어진다. 다음은 뒤쪽 벽에 연결된 고무줄이 역시 자신의 허리에 묶여 있다고 상상해 보자. 이제 두 개의 긴장-해소 시스템이 만들어졌다.

원하는 몸무게로 다가가려고 할 때 어떤 일이 일어나는지 보자.

목표에 도달했지만, 앞쪽 고무줄은 느슨해진 반면 뒤쪽의 배고픔 고무줄은 긴장이 높아져 팽팽해졌다. 이제 우리는 체중 감량이라고 하는 성공적인 성취를 유지하기가 더 어려워진 구조에 놓이게 되었다. 배고프다–먹는다의 긴장–해소 시스템이 우세해진 것이다. 우세해졌다는 것은 구조 내에서 가장 강력한 힘을 발휘한다는 뜻이다. 이 상태에서 계속 버티려면 '구조의 원리'에 맞서야 한다. 결국 우리는 버티지 못하고 원하는 곳의 반대 방향으로 움직이기 시작한다.

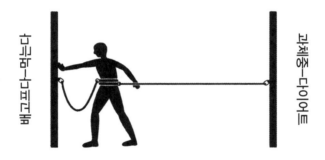

이것은 진동 구조의 전형적인 모습이다. 단순히 의지력이 부족해서, 부정적인 태도 때문에 또는 사랑으로부터 달아나고 싶은 신경증적 충동이 일어서가 아니다. 그저 우리가 한 가지 동작만 할 수 있는, 흔들의자처럼 반복되는 진동 구조 속에 갇혀 있기 때문이다.

다시 방으로 돌아가 보자. 이번에는 앞쪽 벽에 '이상'이라고 쓰여 있고, 뒤쪽 벽에는 '달갑지 않은 신념'이 쓰여 있다.

이상에 부응하려고 노력할 때 어떤 일이 일어나는지 살펴보자.

이번에도 마찬가지로 목표를 이뤘지만, 앞쪽 고무줄은 느슨해졌고 뒤쪽의 '달갑지 않은 신념'에 묶인 고무줄은 더 팽팽해졌다. 이상에 맞춰 생활할수록 우리의 마음은 달갑지 않은 신념을 더 많이 상기시킨다. 우리가 속한 구조가 이상을 유지하기 힘든 구조이기 때문이다. 끝내 이상을 고수하려 드는 것은 '물리학'을 거스르는 것이다. 이내 우리는 있고 싶어 하는 곳에서 반대 방향으로 움직이기 시작한다.

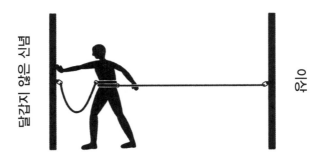

이제 우리는 달갑지 않은 신념 때문에 자신을 마구 채찍질하고 있다. 해결책은 이상에 따라 살아가는 것밖에 없다. 시스템에서 가장 두드러지는 긴장이 이상에 따르는 것이기 때문에 그렇게 하는 것이 가장 수월하다. 할 수 없이 우리는 이상에 부응하며 살기 위해 노력하는 삶으로 되돌아간다.

자기가 '패배자'라는 달갑지 않은 신념을 지니고 있다고 가정해 보자. 이것이 만들어 내는 이상은 '승자'가 되는 것이므로, 우리는 승리를 위한 길에 나선다.『승자의 뇌』나 고전이라 할 수 있는『승리의 심리학』같은 책을 사서 읽게 될 것이다. 아마존에는 승리에 관한 책이 19,000권이 넘는다. 이 책들은 자신이 패배자라는 달갑지 않은 신념을 지닌 사람들에게 유독 호소력이 있으며, 이런 신념을 견지하는 사람들이 수백만 명에 이르기 때문에 꽤 많은 책이 베스트셀러가 되었다.

동기를 들여다보면 좀 더 명확해진다. '왜 승자가 되겠다는 이상을 지니게 되었는가?' 이 질문은 '왜 자신에게 중요한 일을 성취하고 싶어 하는가?'와 다르다. 성취에 관한 질문은 결과물의 창조에 관한 것이며, 승자에 관한 질문은 정체성에 관한 것이다. 두 번째 질문에서 초점은 성취 그 자체에 맞춰져 있고, 앞의 질문에서는 초점이 당사자에게 맞춰져 있다. 즉, 자기가 자신을 어떻게 보는가, 다른 사람은 자기를 어떻게 보는가 하는 문제다. 이것은 자신에 대한 평가, 두드러지고 싶은 욕구, 특별해지고 싶은 욕구와 관련되어 있다. 권력과 관심에 대한 욕구를 채우면서 동시에 자신이 패배자라고 하는 달갑지 않은 신념에 대한 보상이 필요한 것이다.

사실 이것은 일반적인 원리, 즉 구조가 인생의 패턴을 결정 짓는다는 원리의 한 사례에 지나지 않는다. 정체성이 방정식의 한 가지 변수가 되면 진동 구조 속에 놓인 것이며 성공은 끝내 역전되고 만다.

이제 두 가지 서로 다른 구조를 비교해 보자. 고무줄이 두 개인 구조와 고무줄이 하나밖에 없는 구조가 있다. 목적은 원하는 것을 성취하는 것이다. 진동 구조는 고무줄 두 개 중 하나가 항상 다른 방향으로 끌어당기게 되어 있다. 따라서 지속 가능성이 가장 낮다. 전진 구조는 성공을 방해하는 구조적 충돌 없이 원하는 결과로 향하는 구조적 긴장만이 작동한다.

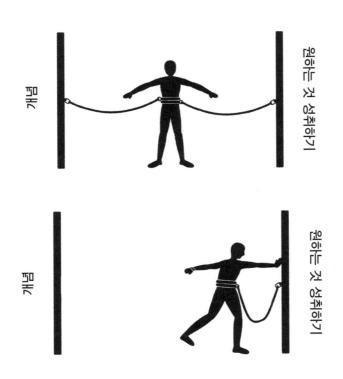

승자들은 성공했을 때도 그 성공을 자신의 개인적인 것으로 받아들이며 실패했을 때는 더 그렇다. 세상의 모든 일은 유능해지기까지 학습하는 과정 동안 수많은 실수 또는 실패를 하게 마련이다. 그런데도 승자가 되겠다는 이상을 품은 사람들에게는 실패 자체가 상처가 된다. 그들에게 실패는 어떻게든 피해야 할 일이다.

성공적인 사업가들은 누구나 사업 전문가의 자리에 오르기까지 실패를 겪는다. 심지어 배우려면 반드시 실패해 봐야 한다고도 한다. 트와일라 타프Twyla Tharp(미국의 현대무용가—옮긴이)의 멋진 책 『창조적 습관』의 한 장은 제목이 '실패는 창의력 완성의 첫걸음'이다. 이 장에서 그녀는 숙달하려는 것이 무엇이든 실패가 얼마나 중요한 요소인지 설명한다. 책 내용 중에 학생들에게 때때로 실패해 볼 필요가 있다고 독려하는 수학 교수 이야기가 나온다. 학생들이 수학적 창조 과정을 확장하려면 실패를 통해 현재 수준의 기술과 지식을 넘어서는 법을 배워야 한다는 것이다. 그는 제자들이 어떻게 하면 수학과 학생으로 보일지가 아니라, 어떻게 하면 수학적으로 더 잘 사고할 수 있을지에 집중하기를 바랐다.

아이러니하게도 우리 사회의 전통적인 교육 시스템에서는 정답을 맞히면 칭찬하고 틀린 답을 내놓으면 꾸짖는다. 학생이 얼마나 배웠는지에는 관심이 없다. 이런 경험은 결국 학생들에게 잘못된 인상을 심어 준다. '실패하면 안 된다. 배움은 중요하지 않다.' 전통적인 교육의 접근법과는 달리 실제에서는 실패와 실수가 예술 분야의 학습과 훈련에서 핵심적인 부분을 담당하고 있다. 음악가들은 아직 연주할 수 없는 곡을 연습한다. 사진가들은 기법을 탐색하느라 수많은 사진을 찍어 본다. 화가는 여러 장의 스케치를 하며, 작가는 먼저 초고를 쓴다. 진정한 학습에는 꼭 필요한 기법과 통찰, 경험을 얻을 때까지 제대로 해내지 못하는 기간이 반드시 포함된다.

찰스 영Charles Young은 이렇게 말했다. "대학에서 풋볼 연습을 처음 한 날부터 내가 총체적인 패배자라는 것을 알았다. 그 점을 공개적으로 인정하고 나니 후련했다. 나는 자유로워졌다." 여기서 그가 강조하는 것 중 하나는 이기는 일보다 지는 일이 훨씬 흔하다는 것이다. "다른 주요 스포츠도 마찬가지지만, 풋볼은 패자가 반드시 생기게 되어 있다. 경기가 있는 날이면 어김없이 절반의 팀이 이기고, 나머지 절반의 팀은 진다. 그렇게 해서 플레이오프의 마지막까지 가면 정확히 한 팀이 승자라는 이름을 갖게 되며, 30여 개의 다른 팀은 말 그대로 패자가 된다. NFL에서 뛰는 선수들의 96.7퍼센트가 패자가 될 수밖에 없다면, 누군가를 패자라고 하는 것이 왜 그렇게까지 엄청난 무례를 저지른 것으로 비난받아야 하는지 모르겠다."

글쎄, 답은 비교적 명확하다. 대부분의 사람이 이기고 지는 것을 개인적인 것으로 받아들이기 때문이다. 그게 자신들의 성격이나 본질 또는 기본적인 정체성 등을 규정한다고 여기는 것이다.

찰스 영이 시즌 마지막에 오로지 하나의 승리 팀이 남는 풋볼의 운영 방식을 설명한 부분을 보면, 풋볼계에서도 승리나 패배는 객관적 사실로 여겨지지 않는 듯하다. 정체성에 사로잡혀 승리를 대단한 상징이라도 되는 것처럼 부추기며 패배를 비극적인 개인의 결함으로 해석하니 말이다. 조지 패튼George S. Patton이 말한 것처럼, 많은 사람이 여전히 "미국인들은 승자를 사랑하고 패자를 용납하지 않을 것이다"라는 느낌을 지니고 살아간다. 그러나 '승자'와 '패자'라는 말 자체는 이미 정체성을 가리키지만, 정작 프로 스포츠처럼 까다로운 직업 세계에서는 정체성이 아닌 다른 것에 초점을 맞추는 사례가 의외로 많다. 그런 사람들은 정체성보다는 배움, 발전, 성장, 능력의 확장에 집중한다. 이들에게 실패는 피할 수 없는 것에 지나지 않는다.

잘 못하는 모습을 보이기 두려워하는 선수를 데려오라. 그를 매일 이겨 보이겠다.

_ 루 브록Lou Brock(도루왕으로 유명했던 전 야구 선수―옮긴이)

실패를 두려워하면 성공할 자격이 없다!

_ 찰스 바클리Charles Barkley(전 농구선수—옮긴이)

달갑지 않은 견해 숨기기

자기가 자신에 대해 어떤 견해를 지니고 있는지 모를 때조차 우리는 자연스럽게 자신에 관한 달갑지 않은 견해를 없애버리려고 하는 경향을 보인다. 우리는 긍정적 사고와 자존감을 전도하다시피 하는 사회를 살아가고 있다. 의기소침하게 만드는 말은 사회 전체에서 거의 실종 상태다. 우리의 내적 경향성은 자신에 관한 달갑지 않은 견해를 자신에게서 무조건 감추려고 하는 것인데, 여기에 더해 우리가 살아가는 외부 환경에서조차 자신에 관해 나쁘게 생각하는 것은 용납할 수 없다는 메시지의 융단폭격이 이루어진다. 그런데 이 두 가지를 다 지키면 우리는 완전히 낭패에 빠진다. 일단 자신에게 솔직해질 수 없게 된다. 게다가 자신의 진짜 생각을 알아보려고 하면 온갖 업계가 들고일어나 못하게 막는 형국이다. 진실은 우리가 마음에 들어 하지 않는다고 해서 사라지는 것이 아니며, 더 깊은 곳으로 가라앉아 있다가 우리 앞길을 가로막는다. 좋든 나쁘든 혹은 대수롭지 않든 진실은 진실이어야 한다. 무엇이 됐든 닫고 감추는 것보다 열고 드러내는 것이 낫다.

무엇을 할까?

이 질문에 대한 답은 이 책의 주요 요점 중 하나를 구성하고 있다. 첫 번째 요점은 '자신에 대해 어떻게 생각하든 인생 구축의 과정과는 상관없다'는 통찰이다. 이 통찰은 우리가 '믿음 비즈니스'라고 부르는 것으로 먹고 사는 사람들에게는 그야말로 달갑지 않을 것이다. 그들은 우리가 무엇을 믿느냐에 따라 성공과 실패가 결정된다고 여기기 때문이다. 믿음 비즈니스를 대표하는 몇 가지 유명한 인용문을 소개한다.

> 상상하고 믿으며 마음이 원하면 이룰 수 있다.
>
> _ 노먼 빈센트 필

> 나는 이생에서 무엇을 받을 만하다고 믿는가?
>
> _ 엘리자베스 길버트

> 당신이 믿기로 선택한 것이 지금 그대로의 당신을 만든다.
>
> _ 캐런 마리 모닝

> 믿어야 보이는 것들이 있다.   _ 매들린 렝글

만약 여러분 중에 믿음이 현실을 창조한다고 믿는 사람이

있다면 '옳은' 믿음을 받아들이고 '잘못된' 믿음을 제거하느라 애쓰면서 믿음을 관리하는 데 온통 시간과 에너지를 쓰게 될지 모른다. 믿음 비즈니스에 종사하는 사람들은 종종 잠재의식을 프로그래밍한다는 오래된 관점을 옹호한다. 그들은 잠재의식은 진짜인 것과 아닌 것의 차이를 알지 못한다고 말한다. 우리가 긍정적인 이미지를 잠재의식에 제시하면 잠재의식이 이 이미지들이 참인 것으로 받아들여 활동하게 되며, 결국 우리를 이 이미지들의 방향으로 움직일 수 있게 해 준다는 것이다. '좋은 생각을 하면 좋은 사람이 될 것이다.' '자신을 사랑하라, 그러면 사랑을 끌어당기게 될 것이다.' '자기가 성공한 사람이라고 믿으면 성공이 하늘에서 떨어져 무릎 위에 내려앉을 것이다.' 그러니 믿어야 한다는 것이다. 믿음 비즈니스에 종사하는 사람들에게는 믿음이 모든 것이다. 이 생각을 정체성 문제가 있는 사람에게 들려주면 그는 베스트셀러 책을 사고 세미나에 참석해 자신이 전적으로 멋진 사람이며 자격이 충분하다는 것을 믿을 이유를 찾으려 할 것이다. 그런 다음 '끌어당김의 법칙'에 매달리고, 살면서 간절히 원했던 모든 것을 우주가 보내 주리라 생각하게 될 것이다. 물론 매력적인 제안이 아니라고는 할 수 없다. '그저 믿음 생활을 잘 관리해 나가기만 하면 모든 게 잘될 것'이라고 하지 않는가.

문제는 모든 것은 그 구조가 행위를 결정짓는다는 사실을 믿음 비즈니스에 빠진 사람들이 모른다는 것이다. 진동 구조에 갇혀 있는 사람은 아무리 '긍정적'으로 '자신을 사랑'해도 성공과 실패 사이를 오락가락할 수밖에 없다. 현실에서는 무엇을 믿느냐는 상관이 없다. 자신이 속한 구조를 바꾸면 진정 영속적인 변화를 일으킬 수 있다. 이것이 바로 인생 구축 과정에서 이 원리를 이해하는 것이 지극히 중요한 이유다.

이 장에서 얻어야 할 것

- 사물이 어떻게 전개될지 결정하는, 보이지 않는 구조가 존재한다.

- 이들 구조는 두 가지 유형의 패턴을 생성한다. '진동'과 '전진'이다.

- 구조의 기본 역학은 '긴장은 해소를 추구한다'는 것이다.

- 구조적 긴장은 인생을 창조하는 가장 강력한 접근법이다.

- 이따금 경쟁적인 긴장 – 해소 시스템이 작동할 때가 있다.

- 이것을 '구조적 충돌'이라고 하며, 구조적 충돌은 진동 패턴을 만든다.

- 우리가 지닌 이상은 달갑지 않은 신념과 상충하면서 진동 패턴으로 이어진다.

- 정체성에 관한 우려를 없애 버리면 근본 구조의 변화를 일으킬 수 있으며, 성공이 영속되는 전진 패턴으로 나아갈 수 있다.

- 정체성 문제가 더 이상 구조 안에 있지 않으면 우리는 배우고, 발전하며, 성취할 수 있다.

- 우리 인생을 포함해 어떤 경우든 근본 구조가 행위를 결정한다.

- 당신이 무엇을 믿는지는 상관없다.

5장

긍정적 사고의
위험성

자신이 긍정적인 사람이라면 문제 될 것은 없다. 긍정적 사고 기법에서는 특히 상황이 긍정적일 수 없을 때 긍정적으로 사고해야 한다고 강변한다. 나폴레온 힐의 고전『생각하라 그리고 부자가 되어라』나 노먼 빈센트 필의『긍정적 사고의 힘』, 그리고 긍정적 사고의 수많은 모방자는 성공의 길이 사고와 태도를 관리하는 데 있다고 주장한다. 그 방법의 결과는 상상을 초월하는 행복, 성공, 부가 될 것이라고 한다.

들기에는 아주 멋지고 게다가 해로울 일이란 없는 것 같다. 하지만 그렇지 않다. 무엇보다 긍정적 사고는 가장 깊은 가치들, 이를테면 진실이나 정직 같은 가치들과 상충한다. 긍정적 사고의 부정적 측면을 보여 주는 새로운 연구 결과도 속속 나오고 있다. 사회심리학자 가브리엘 외팅겐과 도리스 메이어는 긍정적으로 생각하는 학생들과 그렇지 않은 학생들의 차이를 연구했다. 시간이 지남에 따라 그들은 '긍정적 사고자'들이 구직 활동을 덜 하고 일자리 제안도 덜 받으며 결국 월급도 더 적게 받는다는 사실을 관찰했다. 또한 고관절 수술 환자들 중에서 통증 없이 걷는 긍정적인 이미지에 고착되면 회복이 더 느리다는 사실도 알게 되었다. 정신이 번쩍 나는 정보지만, 자기계발 업계에는 잘 알려지지 않았다.

누구도 자신에게 거짓말하는 입장이 되고 싶어 하지 않는다.

현실에 대한 감각은 후천적으로 획득된 성향이다. 그러나 일단 성향이 되고 나면 버리기가 어렵다. 현실에는 좋은 것, 나쁜 것, 추한 것 그리고 그 사이에 존재하는 모든 것이 포함되어 있다. 만약 긍정의 장밋빛 색안경을 쓰고 현실을 거기에 맞춘다면, 적어도 원하는 인생을 창조하는 일에서만큼은 눈이 멀 각오를 해야 한다.

거짓 위에 인생을 구축할 수는 없다. 그러나 긍정적 사고의 옹호자들은 그렇게 해야 한다고 말한다. 분명히 말해 두지만, 인생 구축 과정을 위한 올바른 구조인 '구조적 긴장'의 두 가지 구성 요소 중 하나가 '지금의 현실'이다. 현실을 왜곡하면 구조적 긴장이 약해진다. 따라서 일단 창조하고 싶은 것이 무엇인지 알아야 할 뿐 아니라, 자신이 과정의 어디쯤 위치하는지도 알아야 한다. 현실이 실제보다 더 낮거나 나쁘게 그려지면 안 되기 때문이다. 그건 마치 샌프란시스코로 가는 길에 자신이 실제로는 캔자스시티에 있으면서 그랜드래피즈에 있다고 말하는 것과 같다. 여정 중에 자신이 현재 있는 곳에 대해 잘 알지 못하면 가고 싶은 곳으로 갈 수 없다.

물론 믿음 비즈니스에 종사하는 사람들은 좋은 의도를 가지고 있다. 대개 그들은 다른 사람들이 좋은 인생을 창조할 수 있게 지원해 주고 싶어 하는 아주 좋은 사람들이다. 그러나 그들 자신은 잘 모르겠지만, 그들의 잠재의식은 현실과 허구의 차이를 알고 있다. 진실이 아닌 것들로 마음을 살찌우려고 해도 잠재의식은 그게 거짓말이라는 것을 알아챈다.

만약 우리가 '난 할 수 있어'라고 주장한다면 이 진술은 사실일까, 아닐까? 여기서 방점은 '사실'에 있다. 선의의 추측, 일어날 확률, 그렇게 되었으면 하는 희망 또는 소망하는 것에 바탕을 둔 것이 아니라는 의미이다. '사실'은 '정말로 존재하거나 일어나는 무엇'을 의미한다. 즉, 실체적 존재다. 우리가 무언가를 할 수 있다는 것을 '사실'로서 알게 되는 때는 언제일까? 그것이 행해졌을 때뿐이다. 우리는 결과가 일어날 가능성을 높게 책정할 때가 있는데, 종종 우리의 예측이 참으로 나타나기도 한다. 그러나 그것이 실제적 사실이 되는 것은 딱 '한 번'이다.

우리의 잠재의식은 장차 '그럴 법한 것'과 '지금 사실인 것'의 차이를 안다. 예를 들어, 당신이 길을 건너려고 한다고 해보자. 당신이 길을 건너갈 수 있을 확률은 높다. 그러나 그러다 버스에 부딪히는 사고가 일어난다면 어떤가? 좀 전까지의 확률은 사라지고, 길을 건너는 것은 불가능해진다. 결과적으로 버스에 치이면 길을 건널 수 없게 되는 것이다. 다시 생각해 보자. 길을 건널 수 있다는 것이 정말로 '사실'이라는 것을 우리는 언제 알게 될까? 당연히 실제로 길을 건너 반대편에 다다랐을 때다.

우리가 착한 긍정의 확언 스타일로 "나는 할 수 있다. 나는 할 수 있어"라고 선언할 때 우리의 잠재의식은 "내가 할 수 있을지 의문이야. 그래서 할 수 있다고 강력히 주장할 필요가 있는 거지"라는 말로 알아듣는다. 잠재의식은 우리가 뭔가를 강조하면 그게 사실이 아니라는 것뿐 아니라, 긍정적 주장을 하고자 했던 '이유'도 알고 있다. '내가 결국 못 해낼 수도 있기 때문'이라는 것 말이다. 고관절 수술 후 고통 없이 걷는 모습을 상상한 사람들이 스스로 긍정적인 메시지를 주입하지 않은 환자들에 비해 더 더디게 회복된 것이 그런 예다. '긍정적인' 환자들이 자신의 잠재의식과 나눈 진짜 대화는 "고통 없이 걷는 게 어려울 수 있어"였던 것이다. 이것이 오래된 부메랑 효과다.

수년에 걸쳐 긍정적 사고를 실천하려고 노력했던 사람들이 성공의 약속이 빠르게 사라진다는 것을 발견했다. 물론 긍정적 사고의 옹호자들은 이미 이 현상에 대한 나름의 답을 가지고 있다. 성공이 더는 효력을 발휘하지 않는 이유는 부정적인 사고를 해서, 그걸 잠재의식이 선택해 버렸기 때문이라는 것이다. 그러나 잠깐 현실적으로 생각해 보자. 누구나 시시때때로 부정적인 생각을 하게 마련이다. 일어나는 일을 항상 좋아할 수는 없으니 말이다. 총을 든 사람에게 붙잡혀 있을 때, 부주의한 운전자가 앞을 가로막을 때, 아이들에게 나쁜 일이 생겼을 때, 심지어 꽤 비싼 돈을 지불한 식사가 형편없을 때 긍정적으로 생각하려고 애쓰는 건 좀 이상하다.

많은 사람이 긍정적 사고의 힘을 증명하기 위해 '주차장' 예를 든다. 그들은 대개 적당한 주차 공간을 찾기 힘든 주차장에서 자신이 딱 원하는 위치에 주차할 수 있는 자리가 있다는 상상을 한다. 자신의 사고를 원하는 결과와 연관 짓는 것인데, 시간이 지나면서 그들은 두 가지를 이해하게 된다.

1. 원하는 주차 공간을 항상 찾지는 못한다.
2. 주차 공간을 확보하는 상상을 하지 않는 다른 사람들도 알맞은 주차 공간을 찾아낸다. 어느 워크숍에서 누군가가 긍정적인 사고를 하는 사람이 자동차를 세울 자리를 찾아내기에 더 유리하다는 주장을 펼쳤다. 그러자 워크숍 지도자가 다른 참가자들에게 이렇게 물었다. "기대하지 않았는데 주차할 자리를 찾았던 경험이 있는 사람이 몇 분이나 되시나요?" 모두가 손을 들었다.

앞에서도 말했듯이, 거짓 위에 인생을 구축할 수는 없다. 긍정적 사고는 창조 과정의 건강함과 웰빙에 해를 끼친다. 주의해야 한다.

아래는 믿음 비즈니스에 속해 있지 '않은' 사람들이 한 말이다.

현실은 우리가 믿지 않아도 사라지지 않는 그것이다.
_ 필립 K. 딕

과학의 좋은 점은 당신이 믿든 말든 맞다는 것이다.
_ 닐 더그래스 타이슨

정신병원을 이리저리 거닐다 보면 믿음이 아무것도 증명하지 못한다는 걸 알게 된다.   _ 프리드리히 니체

누군가가 그걸 위해 죽는다고 해서 그게 꼭 진실하다고는 할 수 없다.   _ 오스카 와일드

영적 믿음

믿음이라는 주제를 놓고 이야기하다 보면 영적인 믿음에 도전을 받았다고 생각하는 사람들이 있다. 그렇지 않다. 영적 믿

음은 개인적인 것이며, 그 사람의 인생에서는 본질적인 가치를 지니는 것이다. 역사상 정신적·종교적·철학적 믿음을 가진 성공적인 창조자들이 증명했듯이 영적 믿음은 창조 과정과 연결되어 있지 않다. 즉, 영적 수준의 믿음은 창조 또는 인생 구축의 과정과 별개다. 영적 믿음은 그 자체로 풍요로움을 가져다줄 수 있지만, 사람들이 굳이 영적 믿음과 성공적으로 창조하는 능력을 결부시키려 한다면 그것은 영적 믿음과 무관하게 창조를 일궈 온 '성취한 사람들'의 역사를 무시하는 것과 같다. 훌륭하고 성공적인 인생을 살 수 있는 능력과 관련해 무엇을 믿는가는 중요하지 않다.

　정체성과 결부된 영적 믿음은 신과 우주, 신앙에 대해 생각한다기보다는 자신이 신자로서 자신에게 어떻게 보이는지를 우선시한다. 철학자이며 터프츠 인지 연구센터의 공동 소장인 대니얼 데닛은 이 현상을 '믿음에 대한 믿음'이라고 표현한다. 실제로는 영적 믿음이 아니라 자신이 견지하는 믿음을 통해 개인적 가치를 얻으려 애쓰는 '신자'에게 초점이 맞춰져 있다는 것이다. 그런 사람에게는 믿음조차 정체성의 또 다른 요소가 된다. '나는 누구인가?'라는 질문의 답을 구하려고 시도하는 것에 불과한 것이다. 너무 자주 사람들은 자신을 자신의 믿음과 동일시한다. 그래서 믿음에 대해 다시 생각해 보라고 하면 개인적인 도전으로 받아들이거나 심지어 정체성에 대한 공격으로 여기기도 한다. 데닛은 신념 체계의 작용이 신념에 대한 고착을 부추기는 경우가 많다고 설명한다.

데닛은 개미가 풀잎 위로 기어오르다가 떨어지고, 다시 기어오르고 다시 떨어지고… 그런 식으로 반복된다는 이야기를 들려주면서 이렇게 묻는다. "이것이 개미가 자신을 위해 이익을 추구하려고 하는 행동일까?" 알려진 것처럼 이 행동에서 개미에게 주어지는 생물학적 이익은 없다. 그저 개미의 뇌가 작은 기생충에게 점령당한 것이다. 창형흡충(디크로코엘리움 덴드리티쿰)은 양이나 소의 위에 들어가서 생식 주기를 완료하는 기생충으로, 개미를 조종해 개미가 자신이 아닌 기생충의 자손을 번식시키는 일에 봉사하게 만든다. 데닛은 이와 비슷하게 다른 동물을 조종하는 '히치하이커' 기생충들이 많은 종을 감염시키는데, 어느 경우에나 오로지 숙주가 아닌 기생동물의 이익만을 취한다고 지적한다.

데닛은 말한다. "인간에게도 이런 일이 일어날까? 물론이다." 그에 따르면, '개념'이 기생충처럼 작용할 수 있다고 한다. "개미의 뇌에 침입하는 기생충과 인간의 뇌에 파고드는 생각을 비교하는 것은 터무니없고 말도 안 된다고 여겨질 수 있다. 물론 생각은 기생충과 달리 살아 있지 않으며, '뇌를 침공'하지 않는다. 생각은 '마음이 만들어 내는' 것이다." 그러나 그는 "생각과 기생충은 놀라운 공통점이 있다"면서 이렇게 설명한다. "생각은 마음에서 마음으로 퍼지며, 서로 다른 언어 간에 번역을 통해 전달되고, 노래와 상징, 동상銅像과 의식儀式에 얹혀 다른 곳으로 옮겨가 특정한 사람들의 머리에서 있을 법하지 않은 조합으로 한데 모인다. 또한 이런 과정을 통해 사람들의 머리, 즉 뇌는 애초에 영감을 준 생각과 비슷한 부분이 있기는 하지만 새로운 특징과 새로운 힘을 추가한 아주 새로운 '창조물'을 낳는다." 바로 기생충의 성질을 지닌 생각, 즉 '기생 생각'이다.

기생 생각은 당사자의 건강, 웰빙 등과는 별개인 자신만의 어젠다를 지닌다. 점차 뇌가 특정한 생각에 집착하게 되며, 자신들의 목적이 개별 숙주의 것보다 더 중요해지게 되는 것이다. 사람들이 본능을 거스르는 행동을 하게 되는 이유, 심지어 자신을 위험한 상황에 몰아넣으면서까지 그런 행동을 하게 되는 이유는 그들이 자신의 건강과 웰빙보다 신념에 봉사하는 것을 우선시하기 때문이다.

새로운 삶의 패턴

마술 지팡이를 휘둘러 온갖 정체성 문제를 한번에 지워 버릴 수 있다면 성공과 실패가 끝내 성공으로 이어지는 인생의 새로운 패턴이 보일 것이다. 성공할 때마다 그것이 자연스럽게 다음번 성공을 위한 발판이 되고, 실패해도 목적을 더 잘 이루는 방법을 익힐 수 있는 학습의 토대가 되는 패턴 말이다.

이런 변화를 일으키는 첫 번째 단계는 초점을 정체성이 아닌, 인생의 실제적 열망과 가치에 다시 맞추는 것이다. 자기 자신이나 자기가 자신을 보는 시각에 집중하는 것이 아니라, 진정으로 '원하는 것'에 집중해야 한다는 말이다. 자신을 어떻게 보느냐가 성공과 아무런 직접적 관련이 없다는 것을 이해하기만 하면 인생 구축 과정, 즉 자신의 인생이 어떻기를 바라는지에 자유롭게 집중할 수 있을 것이다.

긍정적인 이미지를 채택해 자신에 관한 신념을 관리하려 해서는 안 된다. 자신을 응원하거나, 자신에게 긍정적인 격려의 말을 하거나, 긍정적인 확언을 이용하거나, 자신에게 애정 어린 메모를 남기거나, 자신에 대한 스스로의 견해를 통제하려 하지 말아야 한다. 스스로 자책해 더 나은 행동을 하게 만들거나, 더 나은 사람이 되어야 한다는 명목으로 자신을 압박하지 않아야 한다. 자신이 어떤 유형의 사람인지 골몰하는 것도 금물이다. 자신에게로 향하는 초점을 거두고 더 중요한 게 무엇인지에 집중해야 한다.

새로운 습관을 들이는 데는 시간이 걸린다. 오래된 습관을 타파하기는 어려우므로 처음에는 이 조언을 실생활에 적용하기가 쉽지 않을 것이다. 그러나 시간이 지나면서 새로운 습관을 받아들이면 상황이 변화될 수 있다.

오래된 습관을 바꾸는 제일 좋은 방법은 새로운 습관을 개발하는 것이다. 새로운 습관은 이런 것이다. 자신이 다른 사람과 어떻게 어울릴지, 자기가 자신이나 다른 사람에게 어떻게 보이는지에 대해 신경 쓰고 있다는 걸 알아차리는 순간 초점을 옮긴다. 즉, 자기 자신이나 자신의 정체성이 아니라 창조하고 싶은 결과물을 생각하는 것이다. 자신이 중요하게 생각하는 것에, 앞으로 창조하고 싶은 삶에 초점을 두는 연습을 하는 것이다. 이 새로운 습관은 목표를 성공적으로 창조할 수 있게 지지하는 형태로 근본 구조를 변화시키는 데 도움을 준다.

당신이 생각하는 것 vs. 현실

자신에 대해 어떤 견해를 지니고 있든 그건 현실이 아니다. 현실에서 우리는 좋든 나쁘든 무관심하든 우리가 생각하는 대로 생각한다. 그리고 "나는 오마하에 살아"처럼 사실에 입각한 규정과 달리, 자신에 대한 견해에는 아무런 사실적 근거가 없다. 진실에 근거하지 않은 자신에 대한 신념은 불완전하므로 심각하게 받아들일 필요가 없다. 즉, 현실에서 망상에 빠져 있을 수는 있지만 그 망상은 현실이 아니라는 것이다.

또한 자신에 대해 그렇게 생각하게 된 계기가 무엇이었는지 아는 것도 아무 도움이 되지 않는다. 어떻게 하다가 감기에 걸렸는지 알아 봤자 소용이 없는 것과 같다. 감기에 걸린 제인 이모를 껴안아서 감기가 옮았다는 것을 안다고 해서 감기가 낫지는 않는다. 중요한 것은 우리가 현실적으로 생각하는 것,

우리의 실제 견해가 무엇인지 아는 것이다.

만약 우리가 스스로에 대해 대단히 부정적인 견해를 지니고 있다고 하면 대부분의 주변 사람이 그러면 안 된다고 할 것이다. 그렇다 해도 아무 상관이 없다. 그 사람들에게는 투표권이 없고, 그 문제에 관한 한 우리에게도 투표권은 없다. 자신에 대한 부정적 견해는 이상을 받아들여 그것을 진실이라고 믿을 때 형성되는 것인데, 다시 말하지만 우리는 우리의 믿음이 아니며, 이상도 아니고, 우리가 말하거나 행할 수 있는 무엇이 아니다.

그리고 진실은 '우리가 정말 누구인지'를 말할 수 있는 지혜와 권위를 지닌 사람은 없다는 것이다. 그러나 이 사실이 우리가 달갑지 않은 신념을 견지하는 것을 막아 주지는 않는다. 그러니 긍정적인 끌어당김을 통해 남은 인생 내내 자신의 진짜 견해를 자신에게서 감추려 하는 것보다 진짜 견해가 무엇인지 아는 쪽을 선택하는 것이 낫다. 자신이 정말로 어떤 생각을 하는지에 대한 진정성은 변화를 일으키는 성질을 지니고 있다. 진정성은 진짜 견해를 자신에게서 감추느라 이상/신념/현실 충돌을 유발하는 보상 전략을 종료시켜 준다. 자신에 대한 자신의 진짜 견해를 인정하는 것이 새롭고 성공적인 패턴을 만들어 근본 구조를 변화시킬 수 있다.

스트레스 테스트

다음 장에서는 이상/신념/현실 충돌이 어떤 식으로 만성적 스트레스를 발생시켜 우리 삶의 건강에 심각하고 부정적인 결과를 초래할 수 있는지를 보여 줄 것이다. 기반이 되는 근본 구조는 기대와 신념 그리고 성취 사이의 충돌이다. 이런 구조 내에서는 얼마나 잘해 내고 얼마나 대단한 일을 이루어 내든, 다른 사람들에게서 어떤 멋진 찬사를 듣든, 스스로 설정해 둔 이상에는 다다를 수 없다. 불리한 카드들이 점점 쌓인다. 우리가 원하는 것은 쌓인 카드를 '빼내는' 것이다.

이 장에서 얻어야 할 것

- 긍정적 사고는 자신에게 하는 거짓말의 한 형태로, 원하는 것을 창조하는 능력을 약화시킨다.

- 우리의 잠재의식은 우리가 거짓말을 하고 있다는 것을 알며, 그 이유도 안다.

- 긍정적 사고는 실제로 잠재의식에 주려고 하는 긍정적인 메시지와 '반대되는' 숨은 의미를 준다.

- 구조적 긴장은 두 가지의 자료 항목을 기반으로 한다. '욕망하는 결과'와 '현재의 현실'이다.

- 장밋빛의 긍정적 사고로 현실을 그리면 구조적 긴장이 약화되고 원하는 것을 창조하기가 더 어려워진다.

- 긍정적 사고의 역효과가 새로운 연구를 통해 속속 증명되고 있다.

- 자기 자신에 대해 달갑지 않은 신념이 있으면 그 견해에 관한 진실을 자신에게 털어놓는 것이 좋다. 이것은 자신에 대한 신념을 숨기도록 설계된 근본 구조를 변화시키는 데 도움이 된다.

- 현실은 있는 그대로다. 우리가 선택할 수 있는 것은 그것을 똑바로 보느냐, 왜곡하느냐다.

- 현실에 대한 감각은 후천적으로 익히는 성향이지만 한번 받아들이고 나면 버리기가 어렵다.

- 자기 자신을 어떻게 생각하는가 하는 것은 창조 과정에는 아무런 상관이 없다.

6장

내 안의
위협

삶에서 가장 중요한 유대관계 중 하나는 마음과 몸의 상호 의존성이다. 때때로 우리는 이 둘의 관계를 의식적으로 자각한다. 예를 들어, 마음은 우리 손이 계약서에 서명하도록 지시하기도 하며, 시끄러운 공간 안에서는 자신의 목소리를 잘 전달하기 위해 언성을 높이고, 수영장에 뛰어들기 전에는 깊이 숨을 들이마신다.

그러나 대부분의 시간 동안 우리 의식은 그저 별생각 없는 구경꾼으로 지낸다. 대신 우리 뇌가 마치 교통경찰처럼 어질어질할 지경으로 온갖 방면에서 몸에 지시를 내린다. 뇌는 신경계, 내분비계, 면역체계 및 모든 장기를 포함해 몸 전체를 관장하는 컨트롤 센터다. 그뿐 아니라 호흡, 소화, 신장 여과, 혈액 및 산소 공급 등 필수적인 생명 유지 작업 일체를 관리한다.

우리 뇌는 외부 및 내부의 자극을 모두 받아들여 이것들을 제어 영역 내에 있는 다른 모든 생리적 체계와 공유한다. 뇌는 이렇게 원래의 제 기능을 적절히 수행하기만 하면 폭넓은 조건에서 건강한 삶의 기적을 가져다준다. 놀랄 만한 '회복탄력성 resilience'을 지녔다고 할 수 있다.

그러나 만성적 질환이나 낯선 패턴, 이를테면 건강하지 못한 식생활, 활동 부족, 부적절한 수면, 그 외 해로운 생활 방식 등의 조건이 등장하면 뇌는 '부전(구조 또는 체계 작동의 기능 저하)'을 일으킨다. 그리고 컨트롤 센터가 더는 직무를 수행하지 못할 상태가 되면, 두말할 것 없이 전체 시스템이 붕괴되기 시작한다.

여기에 상황을 점점 더 악화시키는 것이 있다. 사실 우리 몸의 체계에 가장 큰 위협이 되는 것은 나쁜 식습관, 불충분한 활동이나 부적절한 매트리스 같은 외부적인 요인이 아니다. 이런 것들은 오히려 다루기가 쉽다. 체계를 파괴하는 가장 주된 위협은 바로 '만성적 스트레스'다. '만성적'이라는 말은 지속적이고 습관적이며 고착되었다는 의미다. 이런 유형의 스트레스는 우리 옆에 항상 붙어 있으면서 결코 사라지지 않는다. 그야말로 끈질기게 붙어 있는 것이다. 인간의 마음과 몸에 만성적 스트레스가 끼치는 음험한 영향에 필적할 만한 것은 없을 것이다. 오죽하면 '침묵의 살인자'라고 하겠는가.

상사가 갑자기 마감이 촉박한 일을 던져 준다. 아직 10대인 딸이 일주일 전에 면허증을 딴 남자친구가 모는 차를 타고 인생 첫 데이트를 하러 나갔는데 늦은 시간에도 귀가하지 않는다. 까다롭게 이것저것 요구하던 고객이 나의 지능과 전문성을 훼손하는 리뷰를 남겼다. 갑자기 심장이 뛰고 얼굴이 붉어지면서 속이 메스껍고 "이건 정말 아니지!"라고 소리를 지르고 싶은 기분이 솟구쳐 오른다.

그런데 사실 이런 반응은 1만 년 전, 지금은 멸종된 검치호랑이가 덤불 속에서 튀어나와 우리를 공격하던 순간에 우리가 보였던 반응과 똑같다. 생존에 필요한 순간적 스트레스라는 것이다. 이런 유형의 스트레스는 상황에 따른 일시적인 것으로, 견딜 수 있는 스트레스다. 사실은 그것이 우리가 오늘 여기 존재할 수 있는 이유라고 할 수 있다.

스트레스 상황에 대응하는 능력을 발휘한 덕분에 우리의 선조들이 살아남았고, 후손을 보아 대를 이어서 우리가 여기 있게 된 것이다. 우리는 스트레스 상황에서 살아남은 선조들의 유전자를 물려받았다. 그 대응이 없었다면 우리 종의 생존 또한 없었을 것이다.

뇌에는 대단히 위험한 상황에서 생존하기 위해 번개처럼 빠른 반응을 일으키는 핵심적인 두 가지 영역이 있다. 첫째는 뇌의 기저부 근처에 있는 해마海馬 형태의 '해마 hippocampus'로, 위협의 규모를 판단하는 역할을 한다. 검치호랑이는 실로 대단한 위협이었기 때문에 해마는 중뇌에서 핵이 아몬드 형태로 무리 짓고 있는 편도체 amygdala에 화학물질, 호르몬, 신경 자극 등을 폭발적으로 내보내라는 경고를 발사한다. 그러면 우리 조상들은 이 스트레스를, 당장 이 위험한 곳에서 빠져나가라는 신호로 받아들였다.

이런 스트레스-대응 메커니즘이 하루하루 인류의 생존에 결정적인 역할을 해 온 덕분에 인류가 오늘날 여기 있을 수 있게 된 것이다. 지금도 마찬가지다. 차를 운전해 가는데 사슴 한 마리가 갑자기 앞으로 뛰어들면 우리는 이 오래된 순간 대응 메커니즘을 발동해 위험한 충돌을 막을 수 있다. 또 평범한 사람이 무너진 건물에 깔린 아이를 구하기 위해 초인적인 힘을 발휘했다는 이야기는 누구나 한 번쯤 들어 봤을 것이다.

물론 스트레스-대응 메커니즘은 갑작스럽게 위험에 처한 상황에 대비하는 것일 뿐, 하루 24시간, 주 7일, 1년 52주, 그리고 해를 이어 가며 내내 활성화되도록 설계되어 있지는 않다. 아주 드물게 목숨이 위험할 때를 위해 안배된 것이지, 지속적이며 내부적인 냉전(스트레스 자체가 위험이 되는 지점까지 체계를 긴장시키는 조건)을 위한 것이 아니다.

만약 우리가 이상/신념/현실 충돌 구조에 있다면 자신도 모르는 사이에 위험천만한 만성적 스트레스 그룹과 같은 신세가 된다. 이 구조에서 끊임없이 스트레스에 시달리며 몇 년을 보내고 나면 우리 목숨이 위험할 수 있다.

1936년에 '스트레스'라는 단어를 만들어 낸 한스 셀리에^{Hans Selye}(캐나다 내분비학자—옮긴이)는 이것을 '어떤 식으로든 변화를 요구받을 때 몸이 일으키는 비특이적 반응'이라고 정의했다. 몇 가지 동물실험을 해 본 뒤 그가 내린 결론은, 지속적인 스트레스를 받는 채로 시간이 지나면 동물 역시 고혈압, 뇌졸중, 심장마비, 궤양 등 사람과 똑같은 질병을 일으킨다는 것이었다. 이 발견은 혁명적이었다. 그때까지도 과학자들은 질병이 병원체(세균)에 의해서만 생긴다고 믿었기 때문이다. 스트레스 '자체'가 범인일 수 있다는 것은 그야말로 획기적인 발견이었다.

이후 수많은 스트레스 연구에서 '심리적인 고통이 육체적인 질병을 일으킨다'는 결과가 나왔다. 정상적인 상태에서는 정신 활동을 아주 잘 지시하는 뇌도 계속해서 안전에 대한 위협을 인지하면 과부하가 걸린다. 위협이 꼭 갑작스러운 위험이나 심각한 사건일 필요는 없다. 그보다는 좀 더 미묘하고 지속적인 실존적 위협이 '이상(자신이 그래야 한다고 생각하는 존재) Vs. 달갑지 않은 신념(자신이 실제로 생각하는 존재)'에 의해 형성된다. 이런 위협이 계속되면, 사람들은 결코 될 수 없는 존재가 되어야 하는 상황에 몰린다. 또한 진동 패턴이 이어지는 연속선 위에서는 어느 부분(이상에 가깝게 행동하는 것과 신념에 가깝게 행동하는 것 사이)에서든 스트레스는 끊이지 않는다.

우리 몸에는 이런 도전들에 맞서 싸우기 위해 특별히 설계된 생체 적응(혹은 항상성) 프로세스가 있다. 이 프로세스는 변화 속에서(또한 변화를 극복해) 안정을 이루는 마음과 뇌 그리고 신체의 능력이다. 이 역학 프로세스는 생존에 결정적인 영향을 미친다. 어떤 위협 또는 변화에도 생체 적응 안정화 반응이 촉발되며, 마치 시소처럼 변화와 위협에 대응해 끊임없이 작동한다. 변화와 위협이 진짜냐 아니냐는 상관없으며, 그 변화와 위협을 본인이 의식하면서 인지하느냐 그렇지 않으냐도 상관없다.

이 과정에서 영향을 받는 핵심적인 영역은 뇌의 시상하부와 뇌하수체, 부신이다. 지속적으로 일정 수준의 스트레스가 발생하면 몸은 이 상황을 벌충하기 위해 일차적으로 아드레날린, 코르티솔, 그 외 스트레스 관련 호르몬들을 내보내 생리 시스템을 균형 상태로 회복하려 애쓴다. 그러나 결국 뇌와 신체의 비축량은 고갈되며, 호르몬의 계속되는 포화에 따른 누적 효과에 굴복할 수밖에 없다. 그 결과는 일차가 탈진, 그다음이 질병이다.

그렇게 되기까지는 일정한 사이클이 존재한다. 처음에는 대개 피로로 시작한다. 왜 자기가 늘 피곤한지 모르고, 의사를 찾아다니며 기운을 좀 끌어올려 보려고 주사를 맞는다. 그러는 동안에도 우리의 이상/신념/현실 충돌은 나쁜 생활 습관에 힘입어 점점 나빠지면서 상황을 악화시킨다. 상황은 곧 위기로 치닫고 몸은 점점 더 쇠약해진다. 위산과다로 인한 소화성 질병, 알코올중독, 천식, 긴장성 두통, 고혈압, 불면증, 과민대장증후군, 허혈성 심장질환, 불안 장애, 우울증, 정신신경증, 성기능 장애, 심지어 피부병 같은 질환들이 생기기 시작하며, 건강이 심각하게 망가진다. 만약 이런 부분들에서 큰 문제가 생기지 않더라도 면역체계가 손상되어 일반적인 감기나 헤르페스부터 만성피로증후군이라고 불리는 것에 이르기까지 다양한 바이러스성 장애들이 생기기도 한다. 과학자들은 이제

간암과 같이 바이러스의 영향을 받는 암의 경우에서와 마찬가지로 만성 스트레스에 따른 면역 저하 효과와 암의 관련성에 주목하고 있다.

어떤 이들은 이렇게 생각할 수도 있다. '이것이 정체성 문제를 지니고 살아가는 개개인과 무슨 상관이 있다는 거지? 그냥 나쁜 생활 습관의 영향을 이야기해 주는 것 아닌가?' 물론 나쁜 습관에서 건강한 습관으로 바꿈으로써 치료될 수 있는 부분도 분명히 있다. 문제는 분명히 드러나지 않으며 이상과 그 이상에 상응하는 신념 사이의 끊임없는 충돌에 의해 생기는 기저의 스트레스다. 이 경우에는 새롭고 건강한 생활 방식을 선택해도 이상/신념/현실 충돌에서 오는 만성 스트레스를 막을 수 없다.

스트레스의 요인을 제거할 수 있는 상황 스트레스와 달리, 정체성 문제로 인한 스트레스는 출구가 없다. 스트레스가 삶 전체에 스며들어 있어서 당사자는 의식하지 못할 수도 있다. 스트레스가 매일, 매시간, 매분 거기 있기 때문이다. 어쩌면 스트레스가 몇 년 동안은 어둠에 묻혀 본인이 자각하는 의식 수준의 아래에 머물며 잠재의식 수준에서 작동하고 있을 수 있다. 그리하여 자신도 모르는 사이 이상/신념/현실 충돌이 깊은 데서 작동하고, 우리의 뇌는 그것이 실제 위협인 것처럼 반응하는 것이다. 뇌의 판단에 따르면 우리는 검치호랑이 같은 '실체가 있는 적' 앞에 서 있는 것이다.

자기가 멍청하다는 달갑지 않은 신념을 지닌 사람은 그에 상응해 자신이 똑똑한 사람이 돼야 한다는 이상을 형성한다. 그 사람이 실수로 바보 같은 짓을 하게 되면 그 즉시 뇌는 심각한 육체적 위협의 순간에 하는 것과 정확히 일치하는 반응을 보인다. 강력한 신경전달 물질과 코르티솔을 분비해 건강을 위협하는 것으로부터 달아나게(또는 싸우게) 하는 것이다. 만성 수준의 지속적인 스트레스가 있는 데다 뇌의 긴급 반응을 촉발하는 사건이 발생하면, 그야말로 스트레스 위에 스트레스를 얹어 상황을 배로 악화시키는 셈이다. 게다가 이 즉각적인 스트레스 상황이 발생할 때 달갑지 않은 신념이 강화되어, 결국 이상에 따라 살아가는 것이 훨씬 중요하다고 생각하게 만든다. 이것은 또 만성적 스트레스를 가중시키는 결과로 이어진다.

실제의 신체적 위협과 이런 유형의 만성 스트레스가 어떻게 다른지는 다음의 사례에서 확인할 수 있다. 만약 누군가 달려드는 악어에게서 마이클 펠프스가 감탄할 정도의 속도로 헤엄쳐 달아나고 있다고 상상해 보자. 그 사람의 몸은 각종 스트레스 관련 화학물질을 태워 빠른 속도로 차분하고 냉정한 상태로 돌아갈 것이다. 원래 몸이 그렇게 작동하게 되어 있기 때문이다.

그러나 이상/신념/현실 충돌에 사로잡힌 사람의 경우 화학물질이 실제 위험 상황에서처럼 연소되지 않는다. 대신 그것들이 몸속을 순환하면서, 실제 삶에서 무슨 일이 일어나는지와 상관없이, 일정한 위험과 압력을 느끼는 것처럼 받아들여 매일 큰 혼란을 일으킨다. 어떤 날은 스트레스성 사건들로 가득하고, 어떤 날은 상대적으로 느슨해 보이기도 할 것이다. 그러나 사실은 내내, 그 사람의 마음은 달갑지 않은 신념, 그에 따른 보상으로 생긴 이상, 그리고 실제 현실 사이의 충돌에 반응하는 나날을 보낸다. 그 신념이 달갑지 않을 뿐 아니라 절대 받아들일 수 없는 것이기 때문에 전해지는 메시지는 한결같다. '너는 마땅히 살아야 하는 방식으로 살지 않고 있어. 어떻게 살아야 하는지 알려 줄게. 그런데 너는 실제로는 그렇게 될 수 없어. 네가 그렇게 살지 않고 있고, 앞으로도 결코 그렇게 살 수 없기 때문이야.'

만사 평온하고 편안해 보일 때조차 내내 존재하는 이 일정한 수준의 스트레스에 대한 이미지라도 떠올려 보시기 바란다. 그것은 마치 아주 세게 잡고 있지 않으면 둥둥 떠올라 머리를 천장에 부딪히기라도 할 것처럼 의자 팔걸이를 꽉 붙잡고 앉아 전전긍긍하는 모습과 같다. 상황을 더 나쁘게 만드는 것은 신념을 강화하고 이상에 어긋나는 일들이 시시때때로 일어난다는 것이다. 그런 뒤에는 앞서 말했듯이 더 많은 스트레스가 생성되며, 이때 신체적으로 촉발된 위험 상황에서와 달리 생화학물질들은 연소되지 않는다.

직원회의에서 자신이 내놓은 추론에 동료 한 명이 의문을 제기하면서 두 눈 사이를 찌르듯이 날카롭게 논리적으로 공격해 들어오는 상황을 가정해 보자. 그럴 때는 말 그대로 눈을 껌벅거리느라 상대를 똑바로 쳐다볼 수 없게 된다. 만약 자신이 무능하다고 생각하고 유능해지겠다는 이상을 지키려 애쓰는 경우라면 상처를 입는다. 그렇게 자신의 능력에 대한 의문이 제기된 일로 인해 붉으락푸르락한 상태로 그 자리에 앉아 있는 동안, 정말 신체적 위협을 당했을 때와 똑같은 화학물질들이 나와서 동맥과 정맥을 타고 흘러 다닌다. 하지만 원래의 용도대로 맞서 싸우거나 달아날 수 있는 신체적 가속을 이끌어 내는 데 쓰이는 것이 아니라, 자신의 혈관을 공격하고, 혈압을 올리며, 보호해야 할 바로 그 장기들을 침식한다.

누군가가 자신의 이상을 위협할 때마다 화학물질들을 뿜어내는 것은 5단계 화재 경보에 소방차를 모두 출동시키는 것과 같다. 나중에 잘못된 경보로 밝혀져도 이런 식의 일이 한 번 있고 나면 이상에 맞춰 살며 달갑지 않은 신념을 회피해야 한다는 압박으로 스트레스 수준이 계속해서 높게 유지될 수밖에 없다. 이런 식의 조직적 사고가 계속 이어지면서 자리를 잡으면, 우리는 정신적으로나 육체적인 면에서 끊임없이 고통 받게 된다.

자율신경계

이제는 우리가 세상과 상호작용하는 방식을 자동 제어하는 자연의 설계에 대해 설명하려고 한다. 그리고 뒤에 가서 이것을 정체성 문제가 구조 속에 붙박일 때 일어나는 일들과 대조해 볼 것이다.

우리의 생명 유지에 필요한 상호작용을 자동 제어하는 것은 교감과 부교감 요소로 나뉜다. 자연 상태에서 '온전하고 건강한 개인'은 부교감신경계에 의해 다스려지는데, 부교감신경계는 차분하면서도 기민한 생리 상태를 만들어 자신을 보호하고 타인과 협력하며 서로 돌볼 수 있게 한다. 그중 '미주신경'은 쿼터백 역할을 담당한다. 눈과 머리로 신호를 보내 친밀한 태도를 취하게 하고, 심장 박동을 늦추고, 소화와 면역 반응을 돕는다. 또 호흡 속도를 느리게 하여 깊은 숨을 쉴 수 있게 한다. 말하자면 부교감신경계는 우리를 고도로 깨어 있게 하면서도 온전한 상태로 존재하게 하며, 집중하게 하면서도 동시에 온정적·사회적으로 만들어 준다고 할 수 있다.

자동 제어 시스템의 다른 한쪽은 교감신경계다. 교감신경계는 앞에서 설명한 것처럼 과감한 대응이 필요한 드문 경우에 과충전 효과를 발휘하는 스트레스 대응뿐 아니라 투쟁 또는 도피가 필요한 긴급 상황을 담당한다. 부교감신경계가 우리의 자연스러운 기본 장착 시스템이었던 1만 년 전과 달리, 혼란스러운 현대의 삶에서는 교감신경계가 운영체계 역할을 맡아 하고 있다. 그리고 이 자연스럽지 못한 상태는 점점 더 나빠지고 있다. 일반적인 스트레스 수준이 내려갈 줄은 모르고 계속 올라가고 있는 것이다. 미국 심리학회에 따르면, 미국인의 42퍼센트가 지난 한 해 동안 스트레스 지수가 상승한 것으로 보고되었다. 건강한 부교감신경계의 기본값이 위기 상태에 처했으며, 그에 따라 우리의 건강도 위험해졌다는 이야기다. 만성 스트레스로 인한 염증이 날뛰면서 면역체계의 보병들이 우리에게 반기를 든다. 우리의 혈관을 공격하고 심장 질환, 천식, 비만, 당뇨, 위산 역류와 과민대장증후군 같은 소화기 문제, 두통, 심지어 발기부전에 이르기까지 다양한 질병의 위험을 높인다. 스트레스는 실제로 기억력 고갈, 정서 장애, 합리적 추론 능력 감퇴 등으로도 이어진다. 그뿐만 아니라 알츠하이머병, 우울증, 불안 장애, 노화의 가속화, 조기 사망과도 관련되어 있다.

이 만성적인 상태는 '화'로 나타나기도 한다. 과도한 정서에 휩싸여 격앙된 '전투' 상태를 드러내 보이는 것이다. 반대로 한껏 고조된 상태에서 물러나 버리거나 우울한 상태로 들어가 버리기도 한다. 그렇게 되면 에너지가 거의 남아 있지 않으며, 인생을 바꿀 동기를 찾지 못한 채 그저 멍하니 있게 되기 쉽다. 외견상 무감각해 보이면서도 동시에 내적으로는 극도로 불안한 상태에 빠져 있을 수도 있다.

근본 구조의 변화

이상/신념/현실 충돌의 근본 구조가 두 개의 경쟁적인 긴장-해소 체계 사이의 관계에서 비롯된다는 것을 기억하자. 하나는 우리의 가장 높은 열망, 가장 깊은 가치를 포함한 실제적인 욕망에서 온다. 다른 하나는 기저에 자리한 달갑지 않은 신념을 감추기 위해 형성되며, 자신이 어떠해야 한다는 이상과 이미지를 만들어 낸다. 앞에서 본 것처럼, 우리가 두 개의 체계 중 어느 한쪽으로 움직여 긴장을 해소하려고 하면 다른 체계의 긴장이 높아진다. 두 개의 고무줄을 떠올려 보면 이해될 것이다.

그런데 고무줄 하나를 끊어 버리면 어떻게 될까? 이 원리를 가지고 30년 넘게 수많은 경험을 해 오면서, 우리 저자들은 '고무줄을 끊어 버린' 사람들이 주로 어떤 경험을 하게 되는지 충분히 목격했다. 가장 일반적으로 관찰된 것은, 어깨가 가벼워지는 느낌이다. 자신의 몸속 에너지가 통하고, 육체적·정신적으로 가벼운 느낌, 심오한 자유의 감각, 기본적인 인생 동기의 변화가 느껴지는 것이다. 이런 일이 어떻게 일어날 수 있을까?

이렇게 상상해 보자. '나는 이제 더는 될 수 없는 무엇이 되려고 애쓰지 않는다. 나 자신에 관한 신념에 능숙해지고 그것을 익숙하게 받아들인다. 나 자신에 관한 내 생각이 좋든 나쁘든 아무렇지도 않든, 나의 인생을 구축하는 과정과는 아무런 상관이 없다.' 이것은 필사적으로 붙잡고 있던 의자의 팔걸이를 놓아 버리는 것과도 같다. 팽팽하게 당겼던 긴장이 해소되고 압박감에서 놓여나 몸과 마음이 이완되면서 존재의 가장 자연스러운 상태로 돌아갈 수 있는 것이다. 이런 경험을 한 대부분의 사람이 하는 말은, 자신들이 평생 얼마나 스트레스에 눌려 있었는지를 몰랐다는 것이다. 계속해서 아주 소란스러운 방에만 있던 사람들은 소음이 뚝 끊기고서야 비로소 고요의 소리를 들을 수 있게 되는 법이다.

이 장에서 얻어야 할 것

- 스트레스에는 두 가지 유형이 있다. 급성과 만성이다.

- 급성 스트레스-대응 메커니즘은 우리가 위험에 빠르게 대응할 수 있게 한다. 이 시스템은 단기적으로 사용할 수 있는 특정 호르몬을 생성해 육체적으로 싸우거나 달아나는 데 쓰도록 한다. 이후 몸은 다시 생화학적 균형 상태로 돌아간다.

- 만성 스트레스는 신체가 균형 상태를 회복하는 능력을 압도한다. 신체와 뇌에 부적응적인 '손상'을 조장해 신체 장기와 조직, 전반적인 건강에 점진적으로 해를 끼치며, 결국 생체 적응의 장기적인 조절 장애를 일으킨다.

- 이상/신념/현실 충돌 구조에서는 실현 불가능한 이상에 따라 살기 위해 노력하며, 동시에 달갑지 않은 신념을 감추려고 애쓰면서 만성 스트레스를 일으킨다.

- 만성 스트레스는 질병, 건강 악화 그리고 다양한 신체적 문제로 이어질 수 있다.

- 근본 구조의 변화는 만성 스트레스를 해소해 새로운 삶의 기회를 부여해 준다.

7장

재능과
완벽주의에 대한
오해

당신은 자신도 모르게 '완벽'이라는 목표를 세웠을지도 모른다. 수많은 종교와 철학이 우리를 불완전한 상태에서 완벽한 상태로 이동시키는 일에 관심을 보이는데, 완벽이라는 게 정말 가치 있는 인생의 목표일까? 완벽한 인간이란 무엇일까?

정체성의 관점에서 생각해 보자. 우리는 완벽하지 않으면 뭔가 문제가 있다고 생각한다. 완벽함이라는 이상은 자신이 불완전하다는 것을 끊임없이 상기시켜 준다. 얼마나 좋은 날을 보냈든, 저녁 모임이 얼마나 멋졌든, 콘서트가 얼마나 대단했든, 혹은 친구가 찾아와서 얼마나 즐거웠든, 석양이 얼마나 아름다웠든, 아이들의 연극이 얼마나 대견했든, 어떤 순간이 얼마나 완벽했든… 반드시 어딘가 잘못된 부분이 있을 것이라고 생각한다. 그게 바로 우리의 불완전함이다. 완벽함에 대한 강박은 있는 그대로의 삶에 대한 감사의 결핍으로 이어진다. 삶이 온통 복잡하기만 하고 결함과 흠, 아이러니와 불완전함이 가득하다고 여기는 것이다.

완벽의 환상

리처드 바크(『갈매기의 꿈』으로 널리 알려진 미국 소설가-옮긴이)가 전형적인 뉴에이지 개념을 이야기했다. "완벽함이라는 것이 존재한다… 그리고 우리 삶의 목적은 그 완벽함을 찾아서 그것을 내 존재를 통해 보여 주는 것이다."

우리 삶의 목적이 정말 그것일까? 많은 사람이 의문의 여지 없이 이 개념을 받아들였다. 그러나 우리는 이 주장이 기반하고 있는 가정들 자체에 의문을 제기해야 한다. 첫 번째 가정은, 우리가 살아가면서 '우리 자신보다 언제나 더 좋은 사람이 돼야 한다'는 의무를 떠안게 된다는 것이다. 만화의 한 장면이 떠오른다. 주인공 찰리 브라운이 루시에게 "우리는 다른 사람들을 돕기 위해 여기 있어"라고 말하자 루시는 이렇게 되묻는다. "그럼 다른 사람들은 무엇 때문에 여기 있는 거야?"

의문을 제기해야 할 또 다른 가정은, 우리 삶의 목적은 '완벽해지는 것'이라는 것이다. 사람들은 드러내 놓고 완벽이라는 목표를 추구한다. 고대 그리스인들이 처음으로 서양식 관념의 완벽을 창안해 내기 전에도 그랬다. 많은 그리스 철학자와 마찬가지로 플라톤도 인생의 가장 높은 목표가 완벽이라고 생각했다. 그는 완벽에 도달하려면 현실의 불완전함을 초월해 완벽한 상태를 위해 분투해야 한다고 썼다. 완벽한 상태란 아름다움, 정의, 선함 같은 것들이 이상적이거나 완전한 상태로 존재하는 것이다. 플라톤의 이론에 따르면, 철학자의 역할은 '선'의 본성을 관조함으로써 자기 자신을 완벽하게 만드는 것이다.

고대 그리스 이전 동양의 종교에서도 완벽을 일차적인 영적 목표로 삼았다. 이들의 전통과 가르침에서 완벽은 '영혼을 진정한 자신의 주인'으로 삼고 육체적 감각, 욕심, 세속적 관심사를 초월하는 것을 의미했다. 그리하여 무지와 자아를 극복함으로써 존재, 앎, 이해의 완전한 상태인 '깨달음'에 도달할 수 있었다. 물론 이것은 이루기가 대단히 어려운 목표여서 여러 번의 생애가 걸리기도 한다. 일련의 환생을 거쳐 윤회하면서 영혼이 점점 더 온전해질 기회를 얻다가 마침내 완벽함에 도달하는 것이다. 그러면 영혼이 더는 환생할 필요가 없으며, 자유로워진다.

완벽한 것

'기술적으로 더 발전하기를 원하는 것'과 '더 나은 사람이 되고 싶어 하는 것'을 구별할 필요가 있다. 기술적으로 더 발전하기를 원하는 것은 이를테면 더 나은 골퍼, 더 나은 경청자, 대인 관계를 더 잘하는 사람, 더 나은 음악가, 더 나은 컴퓨터 개발자 등이 되고자 하는 것이다. 이는 더 나은 사람이 되고 싶어 하는 것과는 뚜렷이 구분된다. 이 두 개념의 분리를 이렇게 생각해 보자. 예를 들어, 더 나은 운전자, 더 나은 요리사, 더 나은 당구 선수가 된다고 해서 더 나은 사람이 되지는 않는다. 똑같은 사람이 다른 기술 수준을 지니게 되는 것뿐이다.

왜 우리는 불완전함보다 완벽함이 존재의 더 높은 상태라고 생각하는 것일까? 수정을 더 흥미롭게 만드는 것은 다름 아닌 수정 속의 흠이다. 베토벤의 〈5번 교향곡〉은 형식적으로 완벽한 작품인 데 비해 그의 〈9번 교향곡〉은 형식적인 면에서는 상대적으로 불완전하다고 할 수 있다. 그러나 〈5번 교향곡〉이 장엄하다고 하면, 〈9번 교향곡〉은 〈5번 교향곡〉이 다다를 수 없는 표현의 경지를 보여 준다.

우리는 아주 좋은 사람들이 개인적인 완벽함의 개념에 집착하느라 자기 인생의 아름다움을 못 보고 지나치는 사례를 많이 보아 왔다. 이는 두 가지 면에서 애석한 일이다. 첫째는 완벽한 인간이 무엇인지 정의하기가 절대적으로 불가능하다는 것이다. 심지어 성인들조차 완벽하지 않았다. 그들이 성인인 것은 불완전함에 굴하지 않아서다. 이 말은 그분들도 불완전했으며, 그럼에도 불구하고 행동했다는 뜻이다. 인생의 목표가 완벽해지는 것이라고 확신하는 사람들에게 들려줄 뉴스 속보는 '당신들은 맞지 않는 행성에 살고 있다'는 것이다. 미안하지만 이곳은 지구다. 로버트 프로스트는 "지구는 사랑하기에 알맞은 곳이다. 이보다 나은 곳이 있을 것 같지 않다"라고 말했다. 이곳은 완벽을 위한 곳이 아니며, 완벽에 도달할 가능성이 있는 곳도 아니다. 하지만 완벽보다 더 좋은 것이 있는 곳이다! 우리의 삶은 아이러니와 사랑, 심지어 상실 같은 환상적인 불완전성이 가득한 왕국에서 영위된다.

어떤 것을 실제 이상으로 만들려고 하는 것은 그것을 부정하는 것이며, 어떤 것을 칭송하게 되면 오히려 영광을 감소시키는 결과가 된다. 인생에 완벽이라는 목표를 부여함으로써 실제보다 더 부풀리려고 하면 눈앞의 기적을 누릴 수 없게 된다.

많은 철학과 종교에서 완벽을 궁극의 목표로 삼는다. 그러나 예술에서는 완벽을 예술과 격이 맞지 않는 목표로 여긴다. 완벽은 오히려 진정하지 않고 공허하며 피상적이고 어리석은 것으로 여겨진다. 완벽에 대한 예술 및 스포츠에서의 기준과 철학에서의 기준이 얼마나 다른지 놀라울 정도다!

외젠 들라크루아는 "모든 것에서 완벽을 추구하는 예술가는 어떤 시도에도 완벽을 이루지 못한다"라고 했다.

한나 아렌트는 "삶을 지속하기 위해서는 완벽주의에 얽힌 죽음에서 벗어나야 한다"라고 했다.

존 우든John Wooden(미국 UCLA 농구팀을 전설적인 승리로 이끈 전 농구 감독—옮긴이)은 "우리는 모두 불완전하다"라고 했다.

해리엇 브레이커Harriet B. Braiker(미국 저술가—옮긴이)는 "탁월성을 추구하는 것은 동기부여가 되지만, 완벽주의를 추구하는 것은 사기를 떨어뜨린다"라고 했다.

알렉산더 칼더는 "엔지니어에게는 '충분히 좋은' 정도가 완벽하다는 뜻이다. 예술가에게는 완벽한 것이란 없다"라고 했다.

레너드 코헨은 "할 수 있을 때 마음껏 해. 완벽함을 버려. 모든 것에는 틈이 있기 마련이야. 그 틈으로 빛이 비치는 거야"라고 썼다.

미학에는 '의미 있는 거칢significant roughness'이라는 가치가 있다. 달리 말하면, 완벽은 예술의 혼을 앗아 간다는 것이다. 약간의 펑크funk(두려움, 움츠러듦 등의 의미—옮긴이)는 필요하다.

스윙 음악이 없으면 아무것도 의미 없어.
_ 듀크 엘링턴과 어빙 밀스

완벽주의는 예술과 우리 삶이 전적으로 의존하는 인간의 영혼을 죽인다.

로버트 프로스트의 시 〈뉴햄프셔〉에 표현된 유명한 이야기를 살펴보자. 이 시에는 시인 에이미 로웰이 에머슨의 말을 인용하며 더블린의 여름 별장에서 지내는 일을 포기했다고 하는 대목이 나온다. 그녀는 "뉴햄프셔를 만드신 신은 변변찮은 인간들로 이 고상한 땅을 조롱하셨다"라고 말했다. 자기도 마찬가지로 완벽함과 거리가 먼 사람들을 견딜 수가 없다고 한 것이다.

프로스트는 이렇게 반박한다. "예술을 위해서는 사람들이 나아지기를 바라기보다는 차라리 나빠지기를 바랄 수도 있다." 그는 완벽함과는 아주 다른 인생의 목적을 제시한다. 바로 불완전한 인간 상태를 인정해야 한다는 것이다.

만약 당신이 많은 사람처럼 '완벽'을 꿈꾸고 있다면, 할 수 있는 최선은 그걸 포기하는 것이다. 그건 가치 있는 목표가 아니며, 어떤 식으로도 진정한 발전이 아니다. 그저 끊임없는 자기 비난만을 불러오는 공허한 이상일 뿐이다. 완벽주의는 오로지 '우리가 충분하지 못하며 있는 그대로 받아들여질 수 없다'는 숨은 메시지를 심어 줄 뿐이다. 왜 우리가 있는 그대로여서는 안 된다는 걸까? 왜 우리가 자기 자신보다 '더 나은 사람'이어야 한다는 거지? 누가 이런 말도 안 되는 측정 기준을 만들어 놓은 것인가? 프로스트의 말은 결국 이런 뜻이다. '당신은 예술을 하기에 오히려 아직 충분히 불완전하지 않다.'

우리는 아이들이 온갖 자잘한 불완전함을 가지고 있어도

그것들을 포함하여 사랑한다. 아이들의 작은 불완전함을 완벽한 아이에 합당하다고 생각하는 것들과 맞바꾸지 않을 것이다. 그것이 아이들에게 진실이라면 우리에게도 그런 것이다.

다른 모든 이상이 그렇듯이 완벽주의 이상 역시 합성된 것이며 인공적이다. 자신에게 문제가 있다는 달갑지 않은 신념에서 비롯된 이상/신념/현실 충돌이 생기게 되면 부지불식간에 스스로 완벽해야 한다는 관념을 지니게 될 수 있다. 당연히 그렇게 생각할 것이다. 이 경우 인생은 달갑지 않은 신념을 포장하기 위한 보상 전략으로 가득 차 있을 것이다. 당신의 접근법이 막다른 골목에 다다른 것을 알아차려라. 자신은 개선했다고 생각할지 몰라도 구조는 여전히 제자리에 있고, 불완전의 저주에서 한발 빠져나왔다거나 풀려났다는 느낌이 들지 않을 것이다.

자신에게 '완벽한 것'이라고 부를 만한 대상이 있는지 살펴보고 그 원인을 탐색하기 시작하라. 자신 안의 어떤 불완전함을 받아들일 수 없는가? 자신에 대한 스스로의 견해에 능숙해지자. 견해를 바꾸려 하지 말고, 그것들이 거기 있다는 것을 알아 두면 된다. 그 견해들이 우리가 스스로 좋은 것들, 즉 건강, 든든한 재정, 좋은 유대관계, 시간을 잘 보내는 방법, 생산적인 일, 의미 있는 열망, 좋은 가치 등을 원하는 것을 막을 수 없다 (그런 견해에도 불구하고 우리가 자신에게 좋은 것을 바라고 그것을 위해 노력할 수 있다는 의미−감수자).

아리스토텔레스의 가장 중요한 생각 중 하나는 무엇에든 잠재력이 있으면 그것을 이루어 내려고 노력하게 된다는 것이다. 나중에 아리스토텔레스에 심취한 성 토마스 아퀴나스는 이 잠재력의 실현을 그리스도교 사상의 가장 높은 목표로 삼아야 한다고 결론지었다. 아퀴나스는 아리스토텔레스의 원칙을 이런 개념으로 해석했다. '우리에게는 특정한 잠재력이 있다. 이에 따라 우리는 저마다 고유의 목적을 지니게 된다. 바로 그 잠재력을 온전히 표현해 내고 완벽하게 실현하는 것이 우리의 목적이 된다.'

아리스토텔레스에게는 이 잠재력이 과학에 관한 것이었다. 이를테면 씨앗에는 꽃으로 자랄 가능성이 내재되어 있다는 식이다. 그런데 똑같은 원칙이 아퀴나스에게서는 인간성을 다루는 것으로 확장되었다. 즉, 우리 내면에 지니고 있는 가능성의 씨앗들을 계발하기 위해 노력해야 한다는 것이다. 우리에게 축복으로 내려진 잠재력을 최대한 발휘할 필요가 있다는 것이다.

잠깐 짬을 내 이 개념의 밑바탕에 깔린 가정을 살펴보자. 우리에게 주어진 재주와 재능 그리고 타고난 능력들을 우리가 가진 잠재력이라고 한다. 아퀴나스에 따르면, 잠재력에는 '실현하기 위해 노력'하는 역학이 내재돼 있다. 재능이나 뛰어난 지능 또는 기계를 다루는 능력, 수학적 소질이 있다고 할 때, 우리는 이 소질들을 반드시 실현해야 할까? 어떤 소질이 있다고 해서 정해진 삶의 목적을 명령받아 자유 선택 없이 무조건 그에 따라서 인생의 방향을 설정해야 할까? 그렇다면 재능을 덜 받은 사람들만 원하는 인생을 더 자유롭게 살 수 있는 건가? 우리가 반드시 실현해야 할 재주가 어느 것인지를 누가 결정할까? 좀 더 나아가 이런 생각도 해 볼 수 있다. 차라리 특별한 재주를 전혀 부여받지 않아서 자신의 인생을 어떻게 살고 싶은지 스스로 결정할 수 있는 편이 더 낫지 않을까?

이발사가 될 수 있는 재능을 타고났다고 해서 평생 머리 손질을 하면서 보내야 할까? 수학을 잘하는 사람은 반드시 수학자나 과학자, 엔지니어가 되어야 할까? 피아노를 뛰어나게 잘 친다고 해서 꼭 전문 음악가가 될 필요가 있을까? 얼마나 재능에 따라 인생을 구축해야 할까? 얼마나 재능이 우리 운명을 결정해 줄까?

사람들은 종종 "재능에 맞춰 살아야 해. 자신에게 주어진 재능에 감사해야지. 재능은 신이 주신 선물이야. 너에게 그 재능을 주신 데는 다 이유가 있어"라고 말한다. 이 말에는 우리에게 주어진 재능을 반드시 계발해야 하며, 그러지 않으면 신이 실망하실 거라는 의미가 함축되어 있다.

인생의 마지막 순간 신 앞에 섰을 때 내게 단 한 조각의 재능도 남아 있지 않기를 바라며, 그리하여 이렇게 말씀드릴 수 있기를. '당신께서 주신 모든 것을 다 썼나이다.'

_ 어마 봄벡Erma Bombeck(미국 작가—옮긴이)

타고난 재능과 능력을 '소진'해야 한다는 것이 흔한 견해다. 과연 신은 우리가 스스로 판단해 우리 재주를 사용하도록 자유의지를 주셨을까, 아니면 반드시 써야 하는 재능으로 우리에게 부담을 주셨을까? 그렇다면 선택의 자유는 어디에 있는 걸까? 봄벡의 말이 의미하는 것은 자신이 지닌 재능을 마지막 한 조각까지 사용해야 신 앞에 섰을 때 그 일을 잘 해냈다는 자부심을 느끼게 되리라는 것이다. 즉, 재능을 사용할지 말지에 대한 선택의 자유가 자신에게 있지 않다는 이야기다. 그녀의 말대로라면, 우리는 재능에 따라 인생의 의무를 결정하게 되며, 거기에 선택의 자유는 없다는 것이다.

정체성과 재능

많은 사람이 재능으로 자신을 규정한다. 자기를 자신의 재능이나 능력과 동일시하는 것이다. 그러면 자신에게 주어진 재능에 부응하여 살아가도록 스스로 압박하게 되며, 그렇게 하지 않았을 경우 신과 자기 자신, 우주를 실망시켰다고 생각하게 될 것이다. 자연히 재능을 계발하는 것이 인생의 목적이 될 수밖에 없다.

학교에서는 학생들의 능력을 측정하기 위해 고안된 적성 검사를 시행한다. 그런 다음 지도교사가 학생들을 앉혀 놓고 대개는 적성에 따라 직업을 가져 보라는 조언을 한다. 수학을 잘하는 학생은 엔지니어가 되는 게 맞고, 조직적인 성향을 지닌 학생은 경영 관리자가 되어야 한다. 예술적 재능이 있으면 그래픽 디자이너가 되어야 하며, 소통을 잘하면 저널리스트가 되라고 한다.

많은 학생이 지도교사의 조언에 따라 한 번도 생각해 보지 않았던 직업을 선택한다. 이후 흥미 없는 직업에 종사하다가 나이가 들면 중년의 위기를 겪게 된다. 그들은 자신들이 경험한 것 이상의 무엇이 인생에 있으리라는 걸 알지만 살면서 타협해 온 것들이 쌓여서 더 나은 것에 접속할 수 없다. 그들이 '진심으로 바라는 것'이 아니라 적성에 맞춰 인생을 영위해 왔기 때문이다. 열네 살에 우연히 얻은 몇몇 재능으로 인생의 방향을 결정해 버리는 일이 수많은 사람에게서 일어난다.

이런 유형의 진로 상담에 깊이 깔린 기본 전제는 회로에 이미 재능이 내장되어야 사람들이 배우고 발전할 수 있다는 것이다. 이 사고방식에 따르면, 우리의 진정한 욕망은 중요하지 않다. 자신이 무엇을 원하든 적성에 맞춰 인생을 살아야 한다는 것이다. 그러나 진정한 욕망은 무시한다고 해서 그냥 사라지지 않는다. 그것들은 지하로 내려가 중년의 위기가 무르익어 자신들을 풀어줄 때를 기다린다.

자유와 의무의 충돌

기본적이면서도 의미심장한 질문이 있다. '만약 당신에게 재능과 능력이 있다면 그것들을 계발해야 한다는 의무를 지겠는가? 아니면 재능과 능력에 구애받지 않고 열망을 추구하면서 자신에게 적합한 방식대로 자유롭게 살 것인가?'

타고난 재주를 덜 받은 사람들은 인생의 책임과 의무도 덜 지게 될까? 대단한 재능과 능력을 지닌 사람보다 더 자유로울까? 만약 그렇다면 많은 사람이 타고난 재주를 덜 받기를 바랄 것이다. 타고난 재주가 많으면 결국 재능과 능력이 운명을 좌지우지할 테니 말이다.

* 우리의 모든 잠재력이 완벽한 실현을 향해 나아가야 할까?
* 우리에게 부여된 타고난 재주를 꼭 써야 할까?
* 우리에게 하모니카를 연주하는 재능이 있다고 해서 꼭 하모니카 연주자가 되어야 할까?

152

이 장에서 얻어야 할 것

- 완벽함은 어리석은 목표이며 실현 불가능하다.

- 완벽은 그 자체로 있는 그대로의 삶에 대한 비판을 내재하고 있다.

- 완벽보다 나은 것은 존재하는 그대로의 삶에 깃든 아이러니와 결함, 불완전함에 감사하는 것이다.

- 너무 많은 사람이 자신의 정체성을 완벽주의의 이상과 결부시킨다.

- 우리에게 재능이 있다고 할 때, 그것을 반드시 써야 할까? 아니면 쓸지 말지 결정하는 것은 우리의 자유 선택인가?

- 너무 자주 사람들이 자기 재능에 의무를 진다고 생각한다.

- 만약 재능과 능력이 진정한 선물이라면 자신이 원하는 대로 쓸 수 있어야 한다. 재능과 능력이 있다는 것에 얽매일 필요는 없다.

8장

역할과
고정관념

남성과시

여러 문화에서 남자아이들은 이런저런 '남자다움'의 표상에 맞게 행동할 것을 요구받는다. 그런데 이 표상들은 대부분 아주 단순화된 이상에 국한되어 있으며, 정형화된 왜곡에 지나지 않는다. 미국 심리학회에 따르면, 이런 식으로 문화적 기대에 부응하는 행위를 '성별 규범적gender-normative'이라고 표현하며, 기대에 어긋나는 행위를 '불순응적non-conformity'이라고 한다. 이것을 좀 더 자세히 살펴보자.

첫 번째 생각은 '문화적 기대'와의 연관성이다.

이 기대는 어디에서 비롯되는 것일까? 분명한 사실은 그것들이 시간이 지나면서 '문화 내'에서 발전한다는 것이다. 현대 세계와 거의 접촉하지 않은 다양한 원시 부족들의 경우 대단히 다른 문화적 기대들의 사례를 볼 수 있다. 이것은 문화적 기대가 진화의 산물이라기보다 그 문화에서 고안된 것이라는 방증이다. 많은 문화에서 남자들은 주로 바지를 입지만 스코틀랜드에서는 킬트라는 치마를 입으며, 부탄에서는 고gho(원피스 형태의 남성용 전통 의상–옮긴이)를 입는다. 이 외에도 문화적 다양성의 사례는 대단히 많다.

두 번째 생각은 '순응성'이다. 우리는 각자 문화적 기대에 따를지 말지를 선택한다. 그런데 여기서 '선택'은 잘못된 단어일 수 있다. 문화적 젠더 순응성의 문제에서는 자신이 의식적인지에 대한 자각 자체가 없는 경우가 많기 때문이다. 개중에는 순응에 빠진 사람들도 있고, 우세한 문화적 규범과 엇박자를 내고 있는 사람들도 있다. 자연스럽게 순응하지 못하는 사람들은 두 가지 선택지에서 하나를 고르게 된다. 순응하는 척하거나 불순응자가 되는 것이다.

만약 여러분이 젠더에 관한 이상을 지니고 있다면 정체성의 문제가 있다는 것이다. 남자의 경우 남자로서의 자신이 '누구'인가에 과도하게 초점을 맞출 것이고, 젠더 이상을 지닌 여자의 경우에도 마찬가지로 여자로서의 자신이 '누구'인가에 집착하게 될 것이다.

다른 사람보다 육체적인 모험을 더 즐기는 남자들이 있고, 마찬가지로 모험적인 성향을 지닌 여자들이 있다. 여기에는 특별한 의미가 없다. 그들은 그냥 경주용 자동차 운전, 풋볼, 행글라이딩, 스쿠버다이빙 같은 것에 끌리는 성정을 가졌을 뿐이다. 반대로 이런 것들에 흥미가 없는 사람들도 있다. 무슨 말인가 하면, '남자가 되고 여자가 되는 올바른 방법은 없다'는 것이다. 젠더 정체성에 고정된 이미지를 부과하려는 사람들은 무엇이 용납되고 무엇은 그렇지 않은지 규정하려 애쓴다. 그러나 남성성과 여성성을 규정할 수 있는 권위는 어디에서 비롯된 것일까? 누가 어떠해야 한다고 지시할 권리를 누가 그들에게 주었을까?

최근에는 남자아이들이 '여성화'되어 간다는 불평을 토로하는 사람들이 눈에 띈다. 이것의 극단적인 표현이 더그 자일스가 쓴 책 『페미니스트가 싫어할 남자아이 키우기 Raising Boys Feminists Will Hate』에 나온다.

부모들이여! 어린 아들이 있고, 그 아이가 남자로 성장하기를 바란다면 아이를 대중문화, 여성화된 공립학교로부터 떨어뜨려 놓기를 바란다. … 만약 그들이 그 계집애 같은 손을 뻗치면 여러분의 아이는 남자다움과는 아예 작별 인사를 해야 할수도 있다. 왜냐하면 그들이 당신들의 아들을 멋이나 부리는 댄디로 바꿔 버릴 것이기 때문이다. 그러니 엄마 아빠들이여! 만약 이 거세된 시대에 감히 자신들의 아들을 전통적인 소년으로 키우고 싶다면, 그대들은 술 취한 사람이 소변기에 깔끔하게 볼일을 보는 것보다 더 어려운 임무를 짊어져야 할 것이다.

'진짜' 남자가 된다는 것이 무엇을 의미하는지에 대한 이 과장된 규범은 실베스터 스탤론이 만들어 낸 허구의 인물인 람보 같은 카툰 캐리커처를 생산해 내기에 이른다. 람보를 창조한 것은 스탤론이지 람보 자신이 아니다. 자일스에게 아들이 있었다면(그에게는 딸이 둘 있다) 자기 아들이 람보처럼 살기를 바라지는 않았을 것이다. 아무튼 이런 것들이 남자라면 따라야 할 삶의 방식에 대한 마초macho(거친 방식으로 남자다움을 과시한다는 의미−옮긴이)적인 이상이다.

피상은 '진짜'의 적이다. 그런데도 많은 경우 어떤 것의 본질보다는 그 표면을 택하기가 더 쉽다. 따라서 누군가 우리에게 이러니저러니 하면서 남자나 여자로 '충분'하지 않다고 말하려 든다거나, 아들을 키울 때는 이래야 한다거나, 딸은 저렇게 키워야 한다고 말하는 것은, 그들의 초점이 실제 삶에 있지 않고 이상화된 정체성의 표상에 있다는 것을 깨달아야 한다.

요즘 들어 남들에게 내보이는 공적 생활에서는 '용기'의 미덕을 이상화한 표상이 남성의 젠더 정체성과 결부되는 경향이 있다. 정치인들이 '맨업Man up(책임 있게 행동하거나 남자답게 행동할 것을 권하는 말−옮긴이)'이라는 말을 하는 것을 자주 듣는다. 그들은 상대가 마음에 들지 않으면 경쟁자가 남자든 여자든 '(남자답게) 용감하지 않다not man enough'라고 비난한다. 이것은 상대가 자신의 정책에 동의하는 이유가 그 사람의 성적 정체성 때문이라는 말밖에 안 된다. 대화의 수준을 이런 식으로 높여 줘서 고맙다고 해야 하나, 대단한 사람들 같으니라고!

역할과 고정관념

흔히 남자 또는 여자로서의 우리에게 주어진 역할이 있다는 생각들을 한다. 이 역할을 제시하는 출처는 주로 가족, 대중매체, 교사, 사회 등으로, 이들이 개인에게 미치는 영향력은 꽤 크다. 따라서 대부분의 사람은 사회적으로 용인된 고정관념을 순순히 따르게 되며, 젠더의 측면에서 개인에게 기대되는 것과 그 사람이 경험하는 것 사이에 별다른 불협화음이 생기지 않는다. 세계보건기구 역시 젠더의 역할을 '해당 사회에서 남자와 여자에게 적절하다고 여겨지는 사회적으로 구성된 역할, 행위, 활동, 속성들'로 규정하고 있다. 즉, 본인이 알아서 처신하게 만드는 세상인 셈이다.

한 사회 질서 내에서 남자가 된다는 것이 의미하는 표상은 다른 사회의 그것과는 대단히 다르다. 여자에 대해서도 마찬가지다. 이 사회적 규범들이 정체성의 표상이 된다. 한 사회의 구성원은 두 가지 선택지 중에서 하나를 선택할 수 있다. 순응하거나 반항하거나. 그 사회의 고정관념에 얼마나 잘 부응하느냐에 따라 남자나 여자로서 자신이 '누구'인가가 결정된다. 사실 고정관념은 진짜 과학인 것처럼 보이게 만들어진 순수한 허구의 사회적 발명품이다. 남자는 이렇고 여자는 저렇다는 것이 얼핏 생물학적인 사실처럼 보일 수도 있지만, 고정관념이 생물학에 근거하는 일은 거의 없다. 사회 질서 내에서 시간이 흐르면서 발전된 사회적 모델을 기반으로 할 뿐이다.

물론 남자와 여자 사이에는 생물학적 차이가 있다. 수많은 연구자가 이를테면 언어와 수학적 능력에서 남녀 사이에 유의미한 통계적 차이가 있다는 사실에 주목했다. 특히 하퉁과 위디거Hartung & Widiger(1998)는 정신질환과 행동 문제에서 젠더의 차이가 있다는 사실을 발견했다. "성비가 제공되는 성인기에 진단된 80가지의 장애 중 35가지는 여성보다 남성에게서 더 흔하고, 31가지는 남성보다 여성에게서 더 흔하며, 14가지는 남녀 모두에서 같은 비율로 발현된다"는 것이다.

2008년에 이루어진 연구 프로젝트에서는 2학년에서 11학년까지 일반 대중의 수학 능력에는 성별에 따른 유의미한 차이가 없었다. 여성 엔지니어와 수학자도 있으며, 최고의 요리사가 남성인 경우도 있지만, 여기에서 중요한 것은 무엇일까? 전반적인 경향(공간적-시간적, 이성적-직관적 등)에서 젠더 차이가 있을 수 있는데, 개인적 차원에서 통계는 진짜 삶을 반영할 수가 없다. 남자들 대다수가 공간 감각이 더 뛰어나다는 것이 중요한가? 여자들 대다수가 사물을 인식하는 지각 속도가 상대적으로 빠르다거나, 남자들 대다수가 다트 던지기 같은 목표 지향적 운동 기술이 더 발달했다거나, 여자들 대다수가 과거

회상을 더 잘한다는 것이 뭐가 중요한가? 통계는 평균의 이야기를 한다. 다양한 가능성을 크게 열어 두고 그중 유리한 지점을 이용하는 것이다.

그러나 개인의 프로필은 그 사람에게만 특유하며, 다른 누구에 비해서도 독립적이다. 남자가 되는 일 또는 여자가 되는 일에 '옳은' 방법은 없다. 오로지 그 자신의 방법만 존재하며, 이는 정체성이나 통계의 문제가 아니다. 이런 특질들은 우리가 누구인지에 대해 어떤 것도 이야기해 주지 않는다.

'여성성의 신화'에 대한 재고

반세기 전, 베티 프리단은 고전이 된 책 『여성성의 신화』를 출간함으로써 역사에 남았다. 그녀가 발견한 것은, 1950년대와 1960년대의 미국 여성들에게 모범적인 주부, 어머니, 아내의 이상형이 제시되고, 이 이상에 따라 살면 행복해지리라는 메시지가 주입되었다는 것이었다. 이어진 프리단의 연구에서 밝혀진 것은, 이 여성들은 전혀 행복하지 않았고, 침묵 속에서 자포자기의 삶을 살고 있었다는 것이다.

반면 1930년대의 영화, 라디오, 광고에서 나타난 여성의 이미지는 사뭇 달랐다. 배우 로절린드 러셀이 연기한 전형적인 인물들은 빠른 말솜씨를 구사하며, 드센 커리어우먼, 신문기

자, 판사, 정신과 의사 등으로 등장했다. 러셀은 주변의 남자들보다 열 배는 더 똑똑한 인물로 그려졌고, 그녀의 애인이 언제나 그녀를 주저앉혀 집안의 주부로 만들려고 애썼어도 그녀는 끝내 그렇게 되기를 거부했다. 더러 애인과 결혼을 하기도 했지만 그때도 일을 그만둘 생각은 아예 하지 않았다. 그녀는 그녀 자신, 자신이 가치 있게 여기는 것, 자신의 열망에 오롯이 헌신했다.

이런 역할을 맡았던 다른 배우들로는 마이어나 로이, 그레타 가르보, 캐럴 롬바드, 마들레네 디트리히, 바버라 스탠웍, 베티 데이비스, 캐서린 헵번, 조앤 크로퍼드, 메리 애스터 등이 있으며, 그 외에도 아주 많은 배우가 있었다. 이 배우들은 부엌 바닥이 얼마나 깨끗한지, 저녁 식사가 매일 같은 시간에 식탁에 차려져 있는지를 신경 쓰는 전업주부의 역할을 연기하지 않았다.

그에 비하면 1950년대의 여성들이 오히려 더 뿌리 깊은 실존적 위기를 겪었다. 자신이 누구여야 하는지, 자신들을 행복하게 만드는 것이 무엇이어야 하는지에 대해 고뇌했고, 성취감 부족과 만성적 우울증의 패턴을 이루는 현실에 대해 갈등했기 때문이다.

1960년대에는 페미니스트 운동이 일어나 이전 시대에 대한 전형적인 반동을 구현했다. 여성을 강인함, 독립적, 자연적 파워, 함부로 대할 수 없는 사람으로 재정의했다. 늘 그렇듯이 이 반동 역시 새로운 카툰 캐리커처 같은 표상 이미지에 지나지 않았다. 관습에 대한 반응은 처음에는 예상대로 호전적이기 때문이다. 소녀라는 단어는 금기시되었고, 대신 '열 살짜리 어린 여성'이라고 해야 했다. 그렇게 몇 년이 흐르고 호전적인 페미니스트들의 브래지어 화형식이 한참 동안 치러진 후, 진지하고 진실한 무언가가 나타나기 시작했다. 그것은 최선을 다해 자신들의 인생을 창조해 보고자 하는 여성과 남성 모두의 가장 깊은 욕망의 출현이었다. 여기에는 페미니스트 운동도 한몫했다. 차별적인 법과 관행을 바꿔 나갔고, 더 많은 사람이 성별에 대한 편견을 깨닫게 되었으며, 많은 여성이 의학, 엔지니어링, 정치, 건설, 사업 같은 직업에 진출하기가 더 쉬워졌다. 물론 여성에 대한 편견은 지금도 여전히 남아 있으며, 특히 기업 경영진에서는 더 그렇다. 2013년의 조사에서 드러났듯이, 기업 이사회에 속한 여성은 16.9퍼센트뿐이었다. 이 글을 쓰는 시점을 기준으로 〈포춘〉의 1,000대 기업 CEO 중 5.2퍼센트만 여성이다.

결론을 말하면, 사회가 사람들에게 역할을 지정해 주기를 기다리지 말라. 대개 역할은 정체성과 관련되어 있기 마련이다. "당신이 누구인지, 누구여야 하는지 제시해 줄게. 다른 무엇이 되려고 애쓰면 안 돼." 만약 사회 질서가 선택의 자유를 내려 주기를 기대하고 있다면, 당신은 영원히 기다려야 할 것이다.

사회를 변화시켜야 한다고 해서 꼭 혁명이나 운동을 통해야 한다는 것은 아니다. 우리가 말하는 사회 변화는 개인이 인생을 살아가기 위해 어떤 선택을 하는가에 관한 자기 탐구다. 명심할 것은 남성과 여성 '둘 다' 사회적 표상과 내적 고정관념을 통해 인생에서 어떤 의무를 가져야 하는가에 대한 '정체성과 역할'이라는 상자 속에 갇혀 있다는 사실이다.

여성이 역사를 통틀어 억압받아 왔다는 점을 인식하는 것은 중요하다. 과거에는 대부분의 사회가 여성을 남성과 동등할 수 없는 이등 시민으로 간주했다. 오늘날의 세계에서조차 많은 사회에서 여성을 억압한다. 이런 억압의 기저에는 여성을 남성의 하위로 보고 정체성 역할로 젠더를 나누는 사회적 고정관념이 있다.

이것은 두 가지 면에서 안타깝다. 하나는 사회에서 사용할 수 있는 방대한 인재 풀에 접근할 수 없게 된다는 것이다. 다른 하나는 한 여성이 실제로 지닌 장점이 아니라 정체성으로 인해 좁은 상자에 갇히기 때문에 그녀가 인생에서 선택할 수 있는 범위가 제한된다는 점이다. 역사를 한 번만 살펴봐도 여성들은 국가를 이끌었고, 과학자와 우주비행사, 비즈니스 리더, 내과 의사, 외과 의사, 발명가로서 신기원을 이룩했다는 것을 알 수 있다. 여성들은 남성들이 할 수 있는 모든 것에서 뛰어났다. 여성들은 잠재력이 부족한 것이 아니라 젠더 정체성에 근거한 사회적 제약을 당한 것일 뿐이다.

물론 남성과 여성 사이에는 꽤 근본적인 차이가 몇 가지 있지만 이 차이들이 자기 결정권, 자유 또는 기회의 평등에 대한 제한을 정당화하지는 못한다. 따라서 여성이 평등을 요구하는 것은 이치에 맞다. 그러나 이 요구는 정체성에 관한 것이 아니다. 그보다는 개인의 정의, 자유, 평등할 권리에 관한 것이다. 이런 가치들을 지지하고 싶어 하는 것은 여성들만이 아니다. 저마다의 배경, 성별, 나이, 교육, 사회 계층, 개인사, 경험, 훈련 또는 자격 증명을 가진 누구라도 마찬가지일 수 있다. 평등과 자유, 정의를 바라는 욕망을 불러일으키는 데는 남성적이거나 여성적인 요소가 전혀 상관없다. 이렇게 정체성에 대한 고려가 아예 없다면 어떨까? 모두의 삶의 질이 어떻게 변화될까? 우리는 얼마나 더 좋은 사회를 만들 수 있을까?

이 장에서 얻어야 할 것

- 너무 자주 고정관념에 의해 우리가 타고난 젠더가 어떠해야 한다고 규정된다.
- 이 고정관념들은 보편적 진리라기보다는 문화적 발명품이다.
- 남성과 여성 모두 정체성의 일부로서 고정관념을 강요받는다.
- 남성 또는 여성이 되는 올바른 방법은 없다.
- 사회가 사람들에게 역할을 지정해 주기를 기다리지 말라.
- 남성과 여성의 차이가 자기 결정권, 자유, 기회 평등에 대한 제한을 정당화하지는 못한다.

9장

존재를
정당화하기 위한
노력

많은 사람이 하루, 일주일 또는 인생의 특정 시점까지 무엇을 얼마만큼 해냈는지를 가지고 자신을 판단하는 나쁜 습관을 지니고 있다. 그런 사람들은 성취와 자신의 정체성을 결부시킨다. 바로 성취가 그들의 인생에서 자신의 존재를 정당화해 주는 특별한 기능을 하는 것이다. 좋은 일을 충분히 해냈으면 살아갈 자격이 있다고 여긴다. 대개는 하루를 마감하면서 "오늘은 충분히 했어"라거나 "오늘은 충분치 않았어" 같은 비판적 평가를 하기도 한다. 그러나 얄궂게도 궁극적으로 존재를 정당화해 줄 만큼 충분한 좋은 일이란 있을 수가 없다.

자신의 존재를 정당화해야 하는 필요성은 몇 가지 가정에서 비롯된다. 첫째는 자신이 그 자체로서는 무가치하다는 것이다. 자신의 가치가 세상에 제공할 수 있는 선한 행동에 달려 있다고 생각하는 것이다. 이런 가정에 얽매여 있는 사람은 아무리 잘 해내도 자부심을 느끼지 못한다. 마치 자신의 이름으로 된 '선행의 은행 계좌'가 있어서 거기에 한 줄씩 추가할 수 있을 뿐이라고 여기는 모양새다. 두 번째 가정은 얼마나 좋은 일을 많이 하든 절대 충분하지 않다고 여기는 것이다. 이렇게 되면 자신의 존재를 정당화할 방법을 영원히 찾아다니는 수밖에는 없다. 어떨 때는 이것을 '돌려주는 것' 즉 섬김이라고 하고, 또 어떨 때는 '빚 갚기'라고도 한다. 이런 가정의 밑바닥에는 누군가의 인생이 그가 다른 사람들 또는 세상에 기여한 정도에 따라 인정받아야 한다는 관념이 깔려 있다.

조지 버나드 쇼는 이렇게 말했다.

우리 모두 이 세상에 아무 쓸모가 없는 사람, 가치 있기보다는 문젯거리인 사람을 적어도 여섯 명은 알고 있을 것이오. 그들을 한데 모이게 해서 이렇게 말해 보시오. '여러분, 이제는 부디 당신들의 존재를 좀 정당화해 보시겠소? 만약 존재를 정당화할 수 없으면, 즉 사회에 몸을 실을 만큼 제 역할을 하지 않으면, 또는 자신이 소비하는 것보다 조금 더 많이 생산할 수 없으면, 우리 사회에서 당신을 살려 둘 수 없다는 것이 명백해집니다. 당신들의 인생이 우리에게 아무 이익도 주지 않거니와 당신들 자신에게도 그다지 쓸모가 없으니 말이오.'

이 말이 과장되게 들릴 수 있겠지만 의외로 많은 사람이 그 밑바탕에 깔린 가정에 동의한다. 사람의 가치가 자기 역할을 다하는 것에서 비롯되며, 그렇지 못할 바에는 존재할 이유가 없다는 것. 당신이 그렇게 생각한다면 어릴 때부터 주입당한 신화를 맹목적으로 받아들였다는 뜻이다. 누구든 반드시 특정한 의무를 가지고 가치 있는 무언가를 성취하면서 살아야 한다는 것 말이다. 우리는 성공하면 칭찬받고, 실패하면 비난받으며, 그런 것을 자신의 개인적인 문제로 받아들이도록 학습되었다. 이 가치관에서 성공과 실패에는 특별한 의미가 있다. 성취의 수준에 따라 좋은 사람, 나쁜 사람으로 구분 짓게 되기 때문이다. 이 신화가 우리 내면에 아주 깊이 배어, 우리 대다수는 깊이 숨어서 보이지도 않는 그 가정을 고수하면서 자신이 그렇다는 것조차 모르는 채 살아간다.

심지어 완벽하게 훌륭한 사람들조차 아무런 잘못을 하지 않고도 뿌리 깊은 죄책감을 느낀다. '충분히' 해내지 못했다고 생각하는 것이다. 그런 식으로 자신들이 충분히 행하지 못했다고 생각한 경험들이 쌓이면 자신에게 문제가 있다는 느낌이 그들의 인생에 스며들기 시작한다.

사회철학자 에릭 호퍼Eric Hoffer는 이렇게 말했다. "자신의 노력으로 자신의 존재를 정당화해야 하는 사람은 영원히 자신에게 속박된다."

다음은 탐색해 볼 만한 질문 몇 가지다. 가능한 한 정직하게 대답하면 평소보다 더 깊고 통찰적인 방식으로 자신을 들여다볼 수 있을 것이다.

170

* 당신은 업적으로 자신을 규정하려 하는가?
* 자신이 성공하면 더 나은 사람이고, 실패하면 더 나쁜 사람이라고 생각하는가?
* 당신은 인생에 주어진 사명이 있다고 생각하지만 그게 무엇인지 몰라서 사명에 부응하는 인생을 살지 못하고 있다고 생각하는가?
* 당신은 인생에 주어진 사명을 완수하기 위해서 충분한 노력을 하지 않고 있다고 생각하는가?
* 당신은 지금 하는 것보다 더 많은 것을 해야 한다고 느끼는가?

이 질문들 중 하나라도 '그렇다'라고 대답했다면, 당신은 인생 여정의 어느 지점에서 오해를 품게 되었고, 그것에서 비롯된 부담을 자신에게 지우고 있는 것이다.

이런 개념을 지니게 된 지점이 어디였는지는 중요하지 않다. 중요한 것은 당신이 그것을 받아들였고, 진실이 아닌 것을 진실이라고 생각한다는 것이다. 개념은 현실이 아니다. '인생 구축 과정'은 현실에서 일어난다. 구조적 긴장의 본질이 비교적 단순하다는 사실을 기억하자. 무엇을 창조하고 싶은가? 창조하고 싶은 결과와 관련해 지금 어디에 있는가? 그 결과를 이루기 위해 취해야 할 행동은 무엇인가? 이런 질문에 답하는 일에는 자아 개념 또는 어떤 유형의 개념도 끼어들 여지가 없다. 성공은 존재를 정당화하지 않으며, 선행도 마찬가지다. 우리가 행하고, 만들고, 달성하고, 발명하며, 개발하고, 기여하고, 지원하거나 성취하는 그 어떤 것도 모두 마찬가지다.

존재를 정당화할 수는 없다

우리가 지닌 개념은 실제의 현실이 아니다. 그것들은 단지 현실에 대한 인상일 뿐이다. 그 현실에는 우리가 받아들인 가정, 견지하는 이상과 모범 그리고 몇 년에 걸쳐 우리 마음에 스며든 다양한 신화가 포함되어 있다. 현실은 간단하다. '우리는 존재한다.' 끝! 우리가 '왜' 존재하는가는 오로지 개념으로만 답할 수 있다. 물론 난자와 정자 등의 이야기를 하며 생물학적 메커니즘을 인용할 수도 있겠지만, 그건 '왜'가 아니라 '어떻게'에 해당한다. 사실 우리가 왜 존재하는가에 관한 이론은 많다. 그러나 그것들 모두가 개념을 기반으로 한 추론일 뿐이다. 어느 것도 객관적으로 증명할 수 없다.

즉, 우리는 존재하는 이유도 모르는 채로 존재하는 것이니, 어떻게 이것 아니면 저것을 가지고 우리가 존재하는 사실을 정당화한다고 말할 수 있겠는가? 암 치료법을 발견한 사람이 암환자보다 더 큰 존재에 대한 권리를 누릴까? 누가 이 문제를 판결할 수 있을까? 사실을 말하면 우리는 새나 개, 소, 까마귀, 쌀

한 톨, 나무 또는 별과 비교해서 정당한 존재 이유를 조금이라도 더 가졌다고 할 수 없다. 다만 인간은 진정한 신비에 대한 신화를 만드는 데 뛰어난 독창성을 발휘해 존재 이유를 모르면서도 고결하게 들리는 개념들을 지어내는 재주를 지녔을 뿐이다.

자, 만약 존재의 이유를 무시해 버리고 존재 자체를 사실로 인정하고 나면 우리 인생에 어떤 변화가 생길까? 답은 '한 번의 심오한 변화로 다른 차원의 선택의 자유를 열 수 있게 된다'는 것이다. 정체성과 성취가 묶이지 않으며, 우리가 하는 일이 우리 존재를 얼마나 잘 정당화해 줄지 또는 우리가 어떻게 보일지가 아니라, 우리가 진정으로 원하는 것을 생각할 수 있게 될 것이다. 물론 변화된 후에도 우리는 계속해서 아주 고상한 것들을 원할 것이다. 그것들은 존재를 정당화하는 것과 별개임에도 불구하고 '진심으로 원해서' 다른 사람들의 삶에 기여하고, 그들의 성공을 지원하며, 질병의 치료법을 발명하고, 빈곤한 이들을 도우며, 예술을 발전시키고, 더 나은 세상을 만드는 일에 보탬이 되고 싶어 할지도 모른다. 거기에는 더 이상 자신의 존재를 정당화하는 숨은 동기가 깃들어 있지 않다. 이 행동들은 우리의 진정한 욕망에서 우러나온 것이므로 그 자체가 목적인 진정한 이타적 행동이 된다.

명심하자. 우리는 우리의 성공, 실패, 선한 행위, 성취, 심지어 이타주의가 아니다. 우리의 나태함, 무기력, 무위도 아니다. 우리는 우리가 소유한 것이 될 수 없다.

이 장에서 얻어야 할 것

- 많은 사람이 사회를 위한 가치 있는 기여와 선행을 통해 자신의 존재를 정당화할 필요가 있다고 생각한다.

- '사실'이라고 할 수 있는 것은 '우리가 존재한다'는 것뿐이다.

- 아무리 훌륭하다 해도 우리의 존재를 정당화할 수 있는 행동은 없다. 왜냐하면 존재를 정당화할 이유와 필요가 없기 때문이다.

- 셀 수 없이 많은 이론이 있고 셀 수 없이 많은 사람이 기꺼이 우리가 왜 존재하는지에 대해 이야기하지만 우리는 우리가 왜 존재하는지 모른다.

- 우리는 우리가 하는 행위나 성취가 아니다. 그러므로 우리가 훌륭한 일을 해서 세상에 기여했다고 해도 우리가 그 업적인 것은 아니다.

- 우리는 성공, 성취, 업적, 선행, 기여로 규정되지 않는 완전히 자유로운 존재다.

10장

창조자와
창조물

우리를 움직이는 동기를 이해하는 한 가지 방법은 창조자(일이 일어나게 하는 사람)와 창조물(창조의 결과물)을 명확하게 구별하는 것이다.

창조물은 예술작품, 사업, 가족, 건물 또는 책 같은 것이 될 수 있다. 여기서 중요한 것은 우리의 창조물이 우리 자신의 '인생'이 될 수 있다는 것이다. 창조 과정은 역사상 가장 성공적인 성취다. 창조 과정을 통해서 예술과 과학, 기술, 그 외 수많은 것들이 창조되었다. 우리 자신의 인생을 창조하는 데 역사상 가장 성공적인 이 과정을 이용하지 않을 이유가 있을까?

창조자는 다양한 형태로 나타난다. 꽃꽂이하는 사람, 집의 정원을 가꾸는 사람, 자신의 블로그를 운영하는 사람부터 시나리오 작가, 건축가, 발명가, 엔지니어, 예술가, 작곡가, 패션 디자이너 등의 전문가에 이르기까지 폭넓다.

창조자로서 생계를 꾸리는 사람들은 자신이 창조하는 것들과 자기 자신을 명쾌하게 분리하는 경우가 많다. 이 분리가 중요한 이유는 자신의 작품과 그 과정을 객관적으로 재검토할 수 있게 해 주기 때문이다. 그로부터 그들은 배우고, 미래의 행동을 조정하며, 경험과 추진력momentum(여세를 몰아 탄력을 받아서 속도를 높일 수 있는 힘−옮긴이)을 구축한다.

창조자 중에서도 비전문가들은 종종 다른 지향성을 나타낸다. 자신들이 창조한 결과물과 자기 자신을 혼동하는 것이다. 특히 정체성 문제가 있는 사람들은 자신이 만든 모든 것이 자신을 대변한다고 생각하곤 한다. 이것은 객관화하고, 배우고, 조정하고, 개선해서 창조하고 싶어 하는 결과에 점점 더 다가가는 것을 어렵게 한다. '나는 곧 내가 창조한 결과물'이라고 생각하면 행동 하나하나, 매사를 개인적인 것으로 받아들이게 된다.

이 장에서 저자들은 더 나은 방향을 향한 하나의 큰 발걸음을 독자 여러분께 제시해 드리려 한다. 우리가 배우고, 성장하고, 개발하고, 살고 싶어 하는 인생을 창조할 수 있는 위치에 가게 하는 방향성이다.

그 시작은 두 가지 요소로 이루어진다. 바로 '창조하는 사람'과 '창조되는 결과물'이다. 이 두 요소 사이에는 어떤 연관성이 있을까?

여기 두 가지 길이 있다.

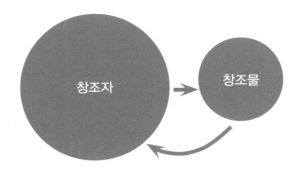

이 그림에서 창조의 이유는 '나 자신'을 중심으로 하고 있다. 여기서는 동기가 저 유명한 '투자 수익'의 보상이다. 즉, 창조가 '나 자신'에게 무엇을 주는가, '나 자신'을 어떤 기분으로 이끄는가, '나 자신'에게 무슨 의미를 부여하는가 하는 것이다.

우리 사회는 투자 수익을 '옳은' 동기로 여긴다. 우리 사회는 '이것은 나에게 무슨 이익이 될까?'의 관점에서 생각하라고 가르친다. TV에서 프로그램의 사회자가 대단한 일을 해낸 출연자들에게 묻는 것은 대개 그 일을 통해 무엇을 얻었는가다. 이때 무난한 대답은 "재미있었어요"라든가 "만족감이 대단했죠" 같은 것들이다. 이처럼 우리는 행동을 하면 그에 대한 보상을 기대하는 인간의 본성에 대해 일반적으로 동의한다. 알피 콘은 『보상에 의한 처벌 Punished by Rewards』에서 다음과 같이 썼다.

심리학 분야에서 수동적 유기체 관점은 행동 이론의 영향으로 퇴색되었다. 그러나 이런 견해는 일상생활에서, 직장에서, 교실에서, 그리고 가정에서 대중 행동주의의 관행을 통해 계속 작용하고 있다. 반대로 말하면, 우리의 일상적인 관행은 인간 본성에 대한 잘못된 이론에 바탕을 두고 있다. 책임감 있게 행동하는 어린이, 새로운 것을 배우기 위해 노력하는 학생, 업무 실적이 좋은 직원에게 반복적으로 보상을 약속하는 것은 그들이 자의적으로는 이런 행동을 할 수 없거나 하지 않을 것이라는 가정이 깔려 있는 것이다.

자신이 하는 행동을 투자 수익이라는 보상을 받기 위한 것으로 치부하면, 인생에 열중하는 능력에 부정적인 영향을 끼칠 수 있다. 당신이 어떤 프로젝트에 참여했다고 생각해 보자. 자신의 참여가 성과를 거뒀는지 언제 알 수 있을까? 그 일이 만족, 재미, 타당성, 신뢰성 또는 기대했던 재정적 보상을 가져다주었다는 것을 언제 알게 될까? 그건 오로지 과정의 마지막, 그 일이 일단락되어 종료되고 완결된 '이후'다. 그 전에는 성과가 있을지 없을지 알 수 없으므로 계속해서 확인하는 것이 전부다. '나에게 좋은 걸까? 그럴 가치가 있을까?' 그걸 알 때까지는 온전히 열중할 수가 없다.

어떤 일을 할 때 그 일이 가져다줄 보상에 집중하지 않고 성취하려고 노력하는 '결과'의 성공에 초점을 맞출 때 온전히 열중할 수 있다. 그러면 방향이 달라진다. 창조자가 아닌 창조물에 초점을 맞추는 방향성이 된다.

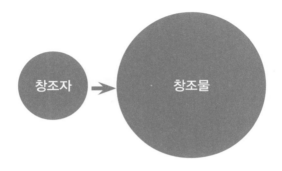

우리 사회는 정신적으로 투자 수익에 대해 지나치게 세뇌되었다. 덕분에 많은 사람이 자주, 우리가 발휘하는 최고의 동기가 우리 자신이 아니라 우리가 창조하는 결과에 초점을 맞추는 데서 온다는 사실을 이해하지 못한다. 그래서 창조자→창조 지향성은 실제로는 흔한데도 우리는 그것을 자주 놓친다. 이 동기를 충분히 이해하는 사람들은 자녀를 기르는 부모들이다. 그들은 자녀를 뮤직투게더Music Together® 강습이나 리틀리그 또는 디즈니월드에 데려가곤 하는데, 딱히 먼 미래에 아이들이 부유한 음악가나 운동선수가 되어 자신들의 노년을 돌봐 주는 식으로 은혜 갚기를 바라서가 아니다. 심지어 고맙다는 말을 듣고 싶어 하지도 않는다. 부모는 다만 아이들을 사랑하고, 그들을 위해 최선을 다하고 싶어 하는 것이다.

시인 로버트 프로스트가 "모든 위대한 일은 그 자체를 위해 이루어진다"라고 한 것이 바로 이런 이야기다. 또 에드거 앨런 포는 에세이 〈시적 원리〉에서 이렇게 말했다. "이 시는 시일 뿐 그 이상이 아니며, 시가 쓰이는 건 오로지 시 자체를 위해서다." 이른바 '예술을 위한 예술'이라는 것이다. 이 말은 원래 프랑스의 예술지상주의l'art pour l'art 슬로건에서 비롯되었다. 예술에는 내재적 가치가 깃들어 있으며, '진정한' 예술은 메시지 전달을 위한 예술message art 또는 정치적 예술political art 같은 실용적 기능과 분리된다는 생각을 대변한다.

그런데 이와 똑같은 원리가 우리의 삶에도 적용될 수 있을까? 즉, '삶 자체를 위한 삶'의 원리가 될 수 있을까? '자신이 곧 자신의 인생'이 아니라 '인생은 자신이 창조하는 것'임을 이해한다면, 이 생각이 새로운 가능성을 얻기 시작한다. 화가는 그림과 분리되어 있다. 그래서 그림을 고치고, 다르게 접근하며, 다시 생각할 수 있고, 이 과정을 통해 배울 수 있다. 화가가 자기 정체성을 그림과 혼동한다면 그림의 현 상태가 최종 결과에 대한 비전에 얼마나 가까워졌는지 평가하기가 더 어려워진다. 화가가 자신을 그림과 동일시하지 않는 것처럼 우리도 우리 자신이 곧 우리가 창조하는 인생이 아니라는 것을 알아야 한다.

우리가 창조하는 것들이 큰 투자 수익을 가져올 수는 있다. 록스타는 큰돈을 벌고 엄청난 찬사를 들으며, 어디에 가든 특별 대접을 받는다. 과연 훌륭한 투자 수익이라고 할 만하다. 그러나 록스타가 되는 일의 핵심은 저런 이점에 있는 것이 아니다. 핵심은 음악이다. 잭슨 브라운은 〈로드아웃The Load-Out(스태프들이 행사 후 장비를 해체해서 짐을 꾸리는 일―옮긴이)〉이라는 노래에서 밴드 버스에서 누릴 수 있는 것들을 묘사했다.

그러나 우리가 연주하는 시간만이
너무 짧게 느껴져.
우린 호텔 방에서 그저 시간을 때우고
무대 뒤를 어슬렁거릴 뿐,
그러다 조명이 켜지고 관객들의 소리가 들리는 순간
우리가 왜 여기 와 있는지를 기억해.

사람들은 종종 훌륭한 일을 한 이유가 '만족' 때문이라고 말한다. 그러나 만족은 그날그날 다르다. 어떤 날은 만족해도 다른 날은 그렇지 못할 수 있다. 만족은 오고 간다. 만족하기 위해 무언가를 하면 오래가지 않는다는 것을 알아야 한다. 불만족스러운 날에 만족할 수는 없는 법이다. 그러나 지향성 자체를 '자기 자신'이 아니라 '창조'에 두면 온전히 그 속으로 들어가는 것이 가능해진다. 좋은 날, 나쁜 날, 그 사이의 어떤 날에든 몰두할 수 있으며, 만족스러운 날은 물론 만족스럽지 못하거나 행복하지 않거나 고무되지 않은 날에도 열중할 수 있게 된다. 대부분의 사람에게 '몰두'는 만족보다 더 중요한 요소다.

어떤 이들은 욕망하던 결과를 성취하기만 하면 성공했다고 생각한다. 그러나 성공이 실패보다 더 바람직하기는 하지만 성공이나 실패가 그 사람에 관해 이야기해 주는 것은 아무것도 없다. 성공은 동전을 던져 바라던 쪽이 나오는 것이며, 실패는 장차의 성공으로 이어질 수 있는 학습 경험이 될 수 있다. 그러나 정체성 문제가 있는 사람에게는 성공과 실패가 개인적인 것으로 받아들여지기 때문에 배움은 제한되고, 현실은 욕망하는 목적을 위해 효과적인 결정을 내리기 어려운 지점으로까지 왜곡된다. 다음은 실패를 정체성과 묶어서 처리하려는 사람들이 주로 사용하는 몇 가지 전략이다. 혹시 자신도 그렇지 않은지 살펴보기 바란다.

* 실패해 놓고 실제로 성공한 것이라고 우긴다.
* 실패가 얼마나 유용한 교훈인가에 대해 이야기한다("좋은 일들은 늘 이런 도전에서 비롯되는 거야").
* 다른 사람을 탓한다("내 잘못이 아니었어").
* 운명이나 업보의 탓으로 돌린다.
* 모종의 농간이 있었다고 한다.
* 아무튼 별로 중요하지 않은 일이었다고 자신을 납득시킨다(신 포도 이론).
* "~기만 했더라면", "이프 온리 if only" 사고를 한다("시간만 좀 더

있었다면…").

* 자신에게 다음에는 더 잘하라는 경고를 하며 자책한다.

앞에서 말했듯이 실패는 인생의 일부다. 실패에는 학습과 성장이 동반된다. 그러나 실패를 개인적인 것으로 받아들이면 미래의 성공에 결정적인 역할을 할 수도 있을 교훈의 이점을 누리기가 힘들어진다.

초점의 전환

이 책의 주제 중 하나는 '자기 자신'으로부터 '달성하기 위해 노력 중인 결과'로 초점을 전환하는 것이다. 물론 말로 표현하거나 메시지로 이해하기는 쉽지만 실행하기는 어렵다. 무엇보다 초점을 전환할 수 있으려면 일정 수준의 자기 훈련과 자기 인식이 필요하다. 새로운 기술이나 습관이 단계적으로 발달하다가도 반동적인 패턴에 빠지기 쉽기 때문이다. 스텔라 애들러가 연극반 학생들에게 말한 것처럼 "무대에서 개인적인 것이란 없다". 배우이자 연기 강사인 토드 브루노는 이렇게 말했다. "자아는 집에 두고 나와야 한다. 중요한 건 당신이 아니라 프로젝트다."

이 장에서 얻어야 할 것

- 우리에게는 두 가지 지향성이 있다. '투자 수익'의 지향성과 '창조물의 탄생을 위한 노력'의 지향성.

- 목표가 투자 수익의 보상이면 모든 것이 끝날 때까지는 일의 완수 여부를 알 방법이 없다. 따라서 그 일에 온전히 열중하기 힘들다.

- 정체성 문제가 있는 사람들은 성공을 통해 자신들을 개인적으로 대변해 줄 수 있는 투자 수익을 기대한다.

- 초점이 창조 자체에 맞춰져 있으면 온전히 열중할 수 있다.

- 사람들은 지속 불가능한 만족보다 열중할 수 있기를 원한다.

- 지향성을 다른 쪽으로 전환하려면 자신에게 유리한 것이 아니라 창조하고 있는 결과물에 초점을 다시 맞춰야 한다.

11장

일상 속
마시멜로 테스트

1960년대에 스탠퍼드대학교 교수 월터 미셸이 수많은 어린이를 대상으로 마시멜로 테스트를 했다. 모든 어린이들에게 마시멜로를 한 개씩 주고 먹지 않고 15분을 기다리면 한 개를 더 주겠다는 똑같은 조건을 걸었다. 15분을 기다린 아이들도 있었고 그렇지 않은 아이들도 있었다.

이 테스트의 중요성은 몇 년 후 분명해졌다. 기다린 아이들이 마시멜로를 곧장 먹어 버린 아이들보다 더 생산적인 인생을 살고 있었던 것이다. 이들의 SAT(미국의 대학 입학 자격 시험—옮긴이) 점수가 상대적으로 훨씬 높았으며, 체질량 지수는 더 낮았고, 인생의 전반적인 성취가 훨씬 나았다. 이것은 심대한 차이다. 그러나 문제는 이런 차이가 생긴 이유, 이 차이로 미래의 성공 또는 실패를 어떻게 예측하는지에 대한 충분한 이해를 대개는 놓치고 있다는 것이다.

무엇보다 여기에는 구조적 역학이 작용하고 있다. 즉, 아이들은 자신이 처한 구조에 얽매여 있었다. 개중에는 마시멜로에 대한 갈급 때문에 즉각적인 욕구 충족을 필요로 하는 아이들이 있었다. 그들에게는 미래에 대한 감각이 없었으며, 모든 것이 지금 이 자리에 존재하는 것으로만 보였다. 그들의 갈망은 즉시 해소해야 하는 긴장이었으며, 그 상황에서의 주된 역학은 충동적인 허기를 충족시키는 것이었다. 그 아이들의 시간 틀은 '지금 여기'였고, 미래는 막연하고 멀게 느껴졌다. 아이들에게 마시멜로가 두 배가 된다는 생각은 모호하고 막연했던 반면, 당장 눈앞에 놓인 마시멜로는 실제였다.

그런가 하면 마시멜로를 더 받기 위해 기다린 아이들은 다른 시간 틀 안에 살고 있었다. 그 아이들은 모든 것을 더 넓은 관점에서 이해했다. 그들에게는 과거에서 현재, 미래로 연결되는 시간의 감각이 그동안의 경험에 포함되어 있었다. 그래서 현재의 행동을 미래의 결과와 연결 지을 수 있었다. 당장의 본능, 충동, 식욕이 아니라 장기적인 욕망에 초점을 맞출 수 있었던 것이다. 구조적 역학이 그들에게 다음과 같이 작용했다. 마시멜로를 두 개 먹을 수 있다는 생각(갈망과는 다른 긴장이다)이 해소 시점을 지연시킨 것이다. 달리 말하면, 이 아이들은 더 중요한 목적이 두 배의 마시멜로를 확보하는 것이라는 점을 이해했기 때문에, 더 중요한 목적을 위해 눈앞의 마시멜로에 손을 뻗고 싶은 유혹을 물리친 것이다.

그리고 나중에 밝혀진 것처럼 이후 30~40년 동안 이들의 패턴은 바뀌지 않은 것 같다. 당시에 즉시 마시멜로를 먹어 버렸던 아이는 이후로도 계속해서 충동적이고 본능적으로 행동하면서 다양한 욕구에 지배되었을 가능성이 높다. 반면 마시멜로를 먹는 행동을 미뤘던 아이는 인생에서 다양한 긍정적 이익과 성취를 창조할 수 있었다. 왜? 초점이 더 장기적인 열망과 가치에 맞춰졌기 때문이다.

그렇다면 마시멜로 테스트의 결과처럼 우리 인생의 패턴은 어릴 때 이미 우리와 하나로 뭉뚱그려진 것일까? 아예 붙어버린 것처럼? 과연 바꿀 수 있기는 할까? 바꿀 수 있다면 변화에 동기를 부여할 수 있는 것은 무엇일까? 구조적 역학을 연구하는 사람으로서 저자들이 발견한 것은 '아무리 오랫동안 다른 구조에 머물러 있었어도 기본적인 지향성을 변화시킬 수 있다'는 것이다. 긴장 해소를 전략적으로 늦추는 방법을 배울 수 있으며, 그럼으로써 더 중요한 목적과 열망을 성취할 더 나은 기회를 얻을 수 있다는 것이다. 다만 그런 변화를 어떻게 설계해 실행하는가에 대해서는 오해와 이견이 있다.

특히 의료계는 대체적으로 사람들의 생활 습관을 바꿀 수 없다는 결론에 도달했다. 선의의 의사들이 식습관을 개선하고, 운동하고, 생활 습관을 바꾸라는 이야기를 수십 년에 걸쳐 해 왔지만 이 충고를 영구적으로 받아들인 환자가 거의 없었기 때문이다. 의사들로서는 습관을 더 건강한 쪽으로 바꿀 수 없으니 차선책으로 택한 것이 약물 요법이다. 당뇨가 있는데도 건강한 식단을 취할 수 없으니 약을 주는 것이다. 과식을 멈출 수 없으니 관절 수술을 해 준다. 걸을 수 없을 정도로 몸이 무거우면 어쩔 수 없이 전동 스쿠터를 타게 해 준다. 이런 식으로 지금까지 의사들이 사람들의 습관을 바꾸기 위해 써 온 방법을 정리하면 충동 조종과 의지력 조종, 단 두 가지다.

충동조종

의사들이 일반적으로 들려주는 경고는 대개 이렇다. "담배를 끊지 않으면 죽습니다." 당뇨병 환자에게는 이 말이 이렇게 응용된다. "제대로 된 식단으로 식사하지 않으면 다리를 절단해야 할 수도 있어요." 말하자면 이 전술은 조기 사망이나 끔찍한 고통을 상상하게 함으로써 환자에게 압박을 주는 것이다. 여기서 기대하는 것은 환자가 자신이 느끼는 충동에 반응해 습관을 바꾸는 것이다. 실제로도 환자들은 이 전술에 반응을 보이는 경우가 많으며, 나름대로 새로운 건강 양식을 받아들이기도 한다. 그런데 여기서의 구조적 역학은 지속적인 변화에 거슬러 작용한다. 왜 그럴까? 환자들이 습관을 바꿔 새롭고 더 건강한 행동을 채택하는 이유가 부정적인 엔딩의 시나리오 때문에 발생한 정서적 충돌에서 비롯되었기 때문이다. 일단 좋은 행동을 하기 시작하면 정서적 충돌의 경험이 줄어들 것이고, 정서적 충돌이 경감되면 좋은 행동을 지속할 동기도 같이 줄어든다. 그러면 얼마 지나지 않아 예전 습관으로 되돌아가고 만다.

결국 당연한 말이지만 '충돌(또는 문제, 불안, 걱정)이 동기가 된 모든 변화는 일시적'이다.

로버트 프로스트는 "나는 결코 누군가를 불안하게 만들어 학습을 유도한 적이 없다"라고 했다. 프로스트와 달리 대부분의 변화 노력은 "네가 행동하지 않으면 일어날 온갖 끔찍한 일들을 좀 봐" 하는 식이다. 이러면 물론 우리는 일단 전전긍긍해서 행동하지만 그 동기의 압박을 유지하기 어렵다. 만약 자신이 죄책감에 사로잡혀 스스로 경고와 책망, 압박을 가하는 상황에 처했다면 떠올려야 할 것은 이런 접근법이 영속적인 변화에 아무 도움이 안 된다는 것이다.

의지력 조종

동전의 다른 면은 의지력 조종이다. 이 경우는 재앙의 시나리오를 만들어 내지는 않지만, 환상적인 보상을 상상하게 하면서 충분한 결단력과 힘이 있다고 우리 자신을 설득한다. 응원의 말, 확언, 긍정적 사고 또는 마음의 장벽을 극복할 수 있다는 격려를 통해 우리가 목표에 도달할 수 있다고 자신에게 속삭이는 것이다.

물론 목표에 도달할 수는 있다. 단지 이런 동기로 목표를 이룬다 해도 성취가 지속적이지 않을 뿐이다. 두 개의 고무줄을 다시 떠올려 보자. 방의 다른 쪽에 다다르면 자연히 뒤쪽의 고무줄이 목표로부터 반대 방향으로 우리를 끌어당기게 된다. 더구나 정체성이 성취와 연결되어 있을 경우, 목표 달성을 유지하기가 가장 어렵다. 왜냐하면 다른 고무줄이 우리를 원하는 곳으로부터 멀어지게 하기 때문이다.

부메랑 효과와 긍정적 사고의 한계에 대해서는 이미 이야기했고, 추가로 말하고 싶은 것은 목표를 달성하려면 현실에 정직해질 필요가 있다는 것이다. 어떤 식으로든 현실을 왜곡하면 지속적인 성공을 이루기 어렵다.

새로운 구조

15분을 기다리지 않은 어린이들은 기다린 어린이들보다 덜 생산적인 인생을 살아갔다. 그 이유는 근본 구조를 바꾸지 않았기 때문이다. 이것은 그 아이들의 잘못이 아니다. 그들은 성공에 도움이 되지 않는 구조가 있다는 것을 몰랐다. 근본 구조를 바꿀 수 있었다면 인생의 방향도 바꿀 수 있었을 것이다. '구조의 변화는 행동의 변화로 이어진다'는 원칙에 비추어 분명히 그랬을 것이다. 이 책에서 저자들이 다루는 것이 바로 이런 유형의 변화다.

마시멜로 테스트는 삶의 방식이 어린 시절에 한번 형성되면 바꿀 수 없다는 것으로 결론지어진다. 이미 고착되었으니 '게임 끝'이라는 것이다. 그러나 단기적인 충동과 욕구가 아닌 장기적인 열망과 가치에 초점을 다시 맞출 수만 있으면 언제든지 구조를 변화시킬 수 있다. 즉각적인 욕구 충족을 더 중요한 목적을 위해 전략적으로 지연시킬 수 있다는 것이다. 그렇게 할 수 있는 새로운 능력을 계발하면 된다. 바로 '계층'을 만드는 능력이다. 계층화란 중요한 것들을 선별해 내는 것이다. 자신에게 더 중요한 것은 무엇이며 덜 중요한 것은 어떤 것들인가?

이렇게 생각해 보자. 우리에게 둘 중 하나를 고를 수 있는 선택권이 있다. 즉시 욕구를 채우는 행동 그리고 장기적으로 원하는 결과에 집중하는 행동 중에서 하나를 고르는 것이다. 현실에서는 상호 배타적인 두 가지를 모두 원할 때가 많다. 우리는 날씬하고 건강하기를 원하는 동시에 눈앞에 있는 모든 것을 먹어 치우고 싶어 한다. 운동을 해서 몸이 좋아지기를 원하지만 동시에 소파에 앉아 TV만 보고 싶어 한다. 스스로에게 솔직해지자. 우리는 둘 다 원하지만 그것들은 상호 배타적이다. 두 가지를 모두 가질 수는 없다. 그래서 이렇게 질문할 수밖에 없다. 둘 중 어느 쪽을 '더' 원하는가?

우리는 대개 단기적인 것보다 장기적인 목표를 더 원한다.

그러나 갈망과 충동, 본능에 빠져들어 더 큰 열망에 반대되는 방식으로 행동하기가 너무 쉽다. 따라서 우리에게 이런 경향이 있다는 것을 알고서, 본능적인 욕구를 충족시키려는 유혹에 맞닥뜨리기 훨씬 전에 전략을 세우는 것이다. 그 순간이 다가오는 것, 즉 우리가 도넛이나 케이크 또는 빅맥에 정신을 못 차린다는 것을 알고 있으면 더 중요한 쪽으로 결정할 수 있다. 식욕이나 본능을 만족시키는 찰나의 기쁨을 누릴 것인가, 더 중요한 장기적 목표를 뒷받침할 것인가?

여기서 구조적 긴장의 힘이 발휘된다. 일단 현재의 현실과 관련된 장기적 목표를 이해함으로써 구조적 긴장을 구축하면 어떤 행동이 그 목적을 더 잘 지지할 수 있는지, 어떤 행동이 방해되는지가 분명해진다. 더 중요한 목적을 지원하는 전략적 선택을 하기가 수월해지는 것이다.

일차 선택과 부차적 선택

한번 자기의 일차 선택, 즉 '창조하고자 하는 주요 결과'를 정했으면 이 선택 자체가 다른 일련의 전략적 선택을 낳는다. 최적의 건강을 원한다면 식습관, 운동, 충분한 수면 등을 포함하는 다른 선택이 뒤따르게 되는 것이다. '일차'라고 하는 것은 근본적이며 가장 중요하다는 뜻이다. 그 외 이차 선택은 뒤이어 수반되는 것이어서 부차적 선택이라고도 한다. 종종 부차적 선택은 그 자체를 위한 행동이 아니라 더 고위의 일차 선택을 뒷받침한다.

핵심이 되는 행동 수칙은, 일차 선택과 부차적 선택을 하는 것이며, 이것이 우리를 장기적인 성공으로 이끌어 간다. 자기계발 업계 종사자들이 주장하는 것처럼, 우리가 무슨 생각을 하는가(신념, 개념)는 중요하지 않다. 핵심은 우리가 하는 일, 우리가 취하는 행동, 그리고 그 행동의 깊은 동기다. 인생 구축 과정에서는 우리가 욕망하는 결과를 보고 싶어 하는 것이 동기를 생성한다. 그런 뒤에는 우리에게 가장 중요한 것들을 진정으로 지원하는 것들의 편에서 시시때때로 우리를 융단폭격하는 즉각적인 요구를 지연시킬 수 있게 된다.

과거의 패턴이 무엇이었는지는 상관없다. 우리는 언제든 가장 높은 열망과 가치를 뒷받침하는 근본 구조를 만들 수 있다. 이를 위한 핵심 재료들은 구조적 긴장(우리가 원하는 결과와 그것과 관련된 현재 상태에 관한 파악), 전략적으로 일차 선택과 부차적 선택을 하는 것, 그리고 우리 자신이 아니라 우리가 욕망하는 최종 결과물에 계속해서 집중하는 것이다.

이 장에서 얻어야 할 것

- 욕구와 충동, 본능에 초점이 맞춰져 있으면 장기적 열망과 가치가 아닌 단기 목표에 따라 빠르게 욕구를 충족하는 방향으로 움직이게 된다.

- 장기적 열망과 가치에 초점을 맞추면 전략적인 부차적 선택을 하기가 더 쉬워진다.

- 지금껏 어떻게 지내 왔는지가 앞으로 어떻게 될 것인지를 결정하지는 않는다.

- 이것은 우리 개인의 정체성 문제가 아니라 우리가 속해 있는 구조의 문제다.

- 구조적 긴장은 장기적인 성공의 핵심 재료다.

12장

자신을 조종하는
사람들

지금까지 긍정적 강화 전략과 자신을 사랑하려는 시도를 통해 이상화된 자아 이미지를 고수하려는 사람들의 경우를 주로 살펴보았다. 그러나 동전의 다른 면에는 정반대의 행동을 하는 사람들도 있다. 이들은 자신이 사기꾼 같다거나 충분치 않다거나 유능하지 않다거나 평균 이하라거나 불안감에 사로잡혀 있다거나 하는, 주로 열등감이라고 불리는 감정에 익숙한 사람들이다.

이상/신념/현실 충돌을 일으키는 바로 그 구조가 이 문제에서도 핵심에 있다. 차이는 당사자가 자신의 달갑지 않은 신념에 대해 아주 잘 알고 있다는 것이다. 용납하기 어려운 신념이라 애써 무시하기보다는 오히려 증폭시킨 것이다.

이런 사람들이 구사하는 전략은, 자유재량이 주어졌을 때 자신들이 하게 될 (잘못된) 행동에 반하는 자기 경고를 미리 할 수 있게 정서적 갈등을 고조시키는 것이다. 예를 들어 자신에게 도벽이 있다고 생각하는 사람은 그 사실을 계속 되새기면서, 부자인 헨리 삼촌 집에서 열리는 만찬에 참석할 때 "은식기를 훔쳐서는 안 돼!"라고 자신에게 경고를 보낸다.

충돌 조종의 또 다른 사례

경고와 주의에 기반한 자기 억제는 앞 장에서 살펴본 충돌 조종의 또 다른 사례라고 할 수 있다. 예를 들어 자신이 통제 불능 상태라고 생각하면 잘 처신하라는 경고를 자신에게 보내는 것이다. "오늘 회의에 가서는 좀 더 자제해야 할 거야." "학부모회에서는 그 가벼운 입을 좀 다물고 있는 게 좋을 거야." "공항 보안대에서는 제발 그 항공기 납치네 뭐네 하는 바보 같은 농담 좀 하지 말라고."

이 전략을 구사하는 많은 사람은 자기 자신에게 높은 수준의 압력을 지속적으로 가하려고 애쓰는데, 때로는 상상할 수 있는 가장 악독한 자기 훈계로 자신을 질책하기도 한다.

팀 라이언은 오하이오주 상원의원에 최연소로 선출되었으며, 29세에 미국 하원에 진출한 인물이다. 그는 저서 『사려 깊은 국민 Mindful Nation』에서 이렇게 말했다.

그 생각들은 내내 판단적이고 비판적이었다. 아니, 사실은 비열했다. 게다가 그런 생각들이 계속해서 다시 생기는 경향이 있다는 것이 명백해졌다. 그것들은 마치 배경 소음처럼 늘 있었는데 한 번도 알아차린 적이 없었을 뿐이었다. 마침내 그것들이 정체를 드러내자 내가 자신에게 얼마나 끔찍하게 가혹할 수 있었는지 깨닫게 되었다. 나는 최악의 적에게도 가하지 않을 수준의 잔인함으로 나 자신을 심판할 수 있었다. 내가 과거에 내린 결정에 일일이 의문을 제기하거나 내가 쓴 글 또는 내가 한 연설의 한 대목에 대해 후회하는 '생각의 무한 루프'에 갇힐 수도 있었다. 그것은 언제나 자신에게 부과하는 반복적인 압박이었다.

나는 내가 친절하고, 온정적이며, 사려 깊다고 생각했지만 그건 나 자신이 아닌 다른 사람들을 상대할 경우에만 적용되는 진실이었다. 나 자신에 관한 한 나는 잔인하고 무자비하며 불만투성이에 교묘하게 조종하려 들고 야비하며 필요 이상으로 비판적이었다. 나는 새로 태어난 조카를 떠올리면서 그 아이에게 이런 식으로 굴 수는 절대 없다고 생각했다. 도시의 다른 모든 사람에게 나는 좋은 사람이었지만 나 자신에게만은 동네에서 가장 재수 없는 녀석이었다.

세월이 흐르면서 불현듯 그동안 내가 큰 이야기 하나를 엮고 있었다는 사실을 깨닫게 되었다. 나는 그걸 아무에게도 말하지 않았다. 심지어 나 자신의 의식과도 공유하지 않았다. 그 이야기에서 나는 아주 성공적인 정치 경력을 가져야 했고, 완벽한 여성과 결혼하고, 백만장자가 되고, 몇 권의 책과 시나리오도 쓰는 사람이 돼야 했다. 내가 이 모든 것을 해내지 못하면 가족과 친구들이 나를 별 볼 일 없는 사람 취급할 것이었다. 얼마나 피곤한 일인지! 내가 그토록 많은 시간과 에너지를 머릿속에서 만들어 낸 이야기를 유지하는 데 들였다는 사실을 믿을 수 없었다.

그가 만들어 낸 이상을 살펴보자. 성공적인 정치 경력, 완벽한 아내, 백만장자, 저자, 시나리오 작가… 어느 모로 보나 이것들은 진정한 열망이라기보다는 성공의 상징이라고 할 수 있다. 그가 품고 있는 '동네에서 가장 재수 없는 녀석'이라는 생각과는 또 얼마나 대조적인지. 그는 자신에 관한 달갑지 않은 신념을 방망이로 삼아 제대로 행동하라는 일격을 자신에게 가하고 있었다. 정리하자면 이런 것이다. '나는 그런 사람이야. 하지만 그렇게 하지 않아야 해!'

물론 이 전략을 쓰는 이가 라이언 한 사람만은 아니다. 초점을 자신의 정체성에 두고 다른 사람들이 자신의 불유쾌한 진실을 알아낼까 봐 두려워하는 것은 우리 모두 마찬가지다. 그런 사람에게는 가면을 쓰는 것이 매우 중요한 일이 되며, 누구와도 진정한 유대관계를 맺기가 거의 불가능해진다. 왜냐하면 거기에는 중요한 것 하나가 빠져 있기 때문이다. 바로 '나'다. 관계가 더 가까워질수록 상대에게 '나 자신'을 숨겨야 한다는 압박은 더 강해진다. 그리고 이런 식의 사이클은 자신이 너무 끔찍한 사람이어서 절대로 자신의 진정한 모습을 누구에게도 내보이면 안 된다는 개념을 더 강화시킨다. 심지어 우리는 사회적으로 또한 직업과 관련된 사람들이 모인 자리에서도 스스로를 고립시킨다. '내겐 뭔가 잘못된 게 있어'라는 느낌이 우리가 하는 모든 것, 모든 생각, 기분과 경험에 스며들어 있다. 그렇게 우리는 낯선 땅의 이방인이 된다.

다만 이 구조가 반드시 달갑지 않은 신념에 의해서만 생기는 것이 아니라는 점을 이해할 필요가 있다. 우리는 열망, 가치, 우리에게 중요한 것들을 이루고자 하는 강력하고 역동적인 추진력도 동시에 지니고 있기 때문이다. 인생의 어느 지점에 도달하는 것을 원하지 않았다면, 그 일에 대해 자책할 필요가 없었을 것이다.

충돌 조종 전략에는 대개 '자신에게 잘해 줘', '너는 너 자신을 사랑하는 법을 배울 필요가 있어', '네가 얼마나 멋진 사람인지 확신을 갖고 말해 줘야 해' 같은 말들이 동반된다. 우리가 어떤 근본 구조에 처해 있는가를 고려해 보면 틀에 박힌 이 말들이 왜 역효과를 일으키는지 이해할 수 있다. 자신을 격려해 봤자 문제의 숨겨진 신념에 더욱더 집중하게 된다. 이런 구조에 처한 사람들도 당연히 자신을 사랑하고, 자신의 결점을 용인하며, 자신들이 훌륭하고 빛나는 존재라고 생각하기를 원할 것이다. 아쉽게도, 그런 걸 원하면서도 그들은 실제로는 그렇게 하지 않는다.

객관적 비판 vs. 주관적 비판

주관적 비판과 객관적 비판에는 엄청난 차이가 있다. '주관적 비판'은 정서적 갈등을 불러일으키는 작용을 하며 결국 더 나은 행동을 조종하는 방식으로 고안된다.

'객관적 비판'은 주어진 상황에서 얼마나 잘해 냈는지를 평가하는 것이 목적이므로 무엇이 효과가 있었고 무엇은 그렇지 않았는지 이해할 수 있게 한다. 따라서 객관적 비판은 다음에 더 성공적으로 해낼 수 있도록 능력을 증진하는 방법을 배우는 것으로 이어진다.

정체성이 요인으로 작용할수록 객관적이기는 더 어려워진다. 정체성이 요인이 아니었다면 어떻게 될까? 다른 사람에게서 구할 수 있는 도움이 어떤 것들인지 파악하고, 발전에 필요한 기술을 확인하며, 획득해야 할 지식과 경험을 이해할 수 있을 것이다. 객관적 평가는 인생 구축 과정에서 필수적인 요소로 작용한다. 객관적으로 평가할 수만 있으면 모든 것이 실험이 될 수 있다. "이걸 하면 어떻게 되는지 보자", "저걸 하면 어떤 일이 일어날까?" 등등. 성공과 실패는 똑같이 더 효과적인 방법을 알려 주는 지식을 전해 주지만, 어느 쪽의 결과도 개인적이지는 않다.

아래는 정체성과 행동을 결부시킬 때의 전형적인 '내적 대화(혼잣말)'의 사례다.

보자, 소파를 왼쪽으로 옮겨야겠어.

그걸 거기 두기 전에 알았어야지. 그럼 굳이 옮길 필요도 없었어.

그래, 그렇지만…

오케이, 일단 옮겨.

좋아, 옮기기 시작할게. 아, 무겁네.

약해 빠졌군. 식단도 엉망이고, 운동도 안 하고, 그러면서 뭘 기대해, 이 소파 귀신아. 네가 소파를 옮긴다고?

누가 좀 도와줘야 할 것 같아.

뭐라고? 조그만 소파 하나를 혼자서 못 옮긴다고? 너 문제가 많구나.

조금만 더… 그리고…

결국 또 이상한 데로 옮겼어. 바보! 얼마나 어리석으면 그래? 말해 두지만, 정말 어리석구나.

지난주 생각 안 나? 아무도 안 부르고 무거운 트렁크를 옮기다가 등에 무리가 갔잖아.

그래, 현실을 직시해야겠어. 너는 소파는 고사하고 트렁크 하나도 못 옮기는 별 볼 일 없는 루저야. 기껏 옮겨도 잘못된 곳에 놓기는 마찬가지고.

그래, 넌 구제 불능이야.

그런데 똑같은 상황에서 자기 자신에 초점을 맞추지 않을

때는 내적 대화가 달라진다.

보자, 소파를 왼쪽으로 옮겨야겠어.

그걸 거기 둘 때는 알맞은 생각이 안 떠올랐던 거지.

자, 왼쪽으로 옮기는 게 좋은 생각일까? 알아보자.

흠, 내가 생각했던 것보다 무겁네. 도와줄 사람을 불러야 할까?

글쎄, 한번 해 보고 너무 무거워서 안 될 것 같으면 조를 불러서 도와달라고 해야겠다.

좋아, 좋아. 조금씩, 조금씩. 오케이. 이제 소파 자리라고 생각했던 데까지 왔어. 한발 물러나서 제대로 됐는지 보자. 더 낫군. 그렇지만 딱 알맞은지는 모르겠어. 그렇다면 뭐가 빠진 거지? 어디를 조정해야 할까? 왼쪽으로 좀 더 미는 게 좋을 것 같기도 해. 그 전에 상상을 한번 해 보자, 어떻게 보일지. 아, 괜찮을 것 같네. 오케이, 한 번에 조금씩만 움직여. 이제 제자리에 들어갔네. 한발 물러나서 살펴보면 되겠다.

두 번째 혼잣말을 보면 오로지 소파의 위치에 대해서만 말할 뿐 자기 자신에 관한 이야기는 전혀 나오지 않는다는 것을 알 수 있다.

조종

자기가 자신을 조종하는 일의 숨은 동기는, 자신이 재량껏 할수 있는 상황에서는 '옳은 일을 하지 않을 것'이라는 추정에서 비롯된다. 정체성 문제가 있는 사람들은 자신에게 바르게 행동할 내재적 동기가 없다고 생각하기 때문에 셀프 경고를 하거나 반대로 응원을 보냄으로써 옳게 행동하도록 자기 자신을 밀어붙여야 한다고 여긴다. 이런 식으로 자기가 옳은 일을 하지 않을 거라는 혼자만의 개념을 기반으로 어떻게 행동해야 한다고 충고하려 들자면 끝이 없을 것이다.

유명한 인용문 중에도 자기 조종의 형태가 포함된 것들이 있다.

> 문제 해결에 나서지 않는 사람은 문젯거리밖에 안 된다.
>
> _ 엘드리지 클리버

이 말은 두 가지 가능한 역할 중 하나를 할 수 있으며 나머지 하나는 수용 불가라고 하는 것이다. 의미는 아주 단순하다. '문제 해결에 나선다'는 것은 대개 이 말을 전적으로 지지하는 사람들의 대의에 참여하라는 것이다. 그렇게 하지 않으면 자기 자신에게 문제가 있는 것이라는 이 말을 우리는 대단히 개인적으로 받아들인다.

당신이 태어난 해는 단지 당신이 세상에 입장한 표시일 뿐이다. 그해 말고 당신의 가치를 증명한 해야말로 축하할 만하다.

_ 재러드 킨츠

이 인용문에서는 자신의 가치를 '증명'하는 것이 아주 중요하며, 가치를 증명할 때만 기념할 가치가 있다고 한다. 이 논리에 따르면, 탄생은 축하할 일에 해당되지 않으므로 당신의 생일 파티는 무의미하다는 말이다. 그러면 자신의 가치를 증명하지 못한 해에는 어떻게 하라는 것인가? 이 인용문은 자신이 무가치하다는 달갑지 않은 신념을 고수하는 사람들에게는 강하게 와 닿는다. 이 말의 숨은 뜻은 '당신이 살아가면서 맡은 의무는 자신의 가치를 증명하는 것이다'가 된다. 그리고 더 깊은 함의는 '당신은 존재 자체로는 살아갈 가치가 없다'이다. 따라서 선행을 통해 그것을 벌충해야 하고, 목적한 만큼 선행을 하지 않았을 때는 영화 〈멋진 인생It's a Wonderful Life(1946)〉에서 제임 스튜어트가 맡은 배역(마을 사람들을 위해 헌신하는 조지 베일리 역을 맡았다—옮긴이)처럼 강으로 가서 다리 아래로 몸을 던질지도 모른다. 물론 영화에서는 천사가 나타나 '가치' 없는 인생에서조차 삶이 충분히 멋질 수 있다는 것을 보여 주지만 말이다.

할 수 있다고 생각하는 사람과 할 수 없다고 생각하는 사람

둘 다 옳다. 당신은 어느 쪽인가?　　　　　_ 헨리 포드

이것은 '할 수 있다고 생각하라. 그러면 할 수 있다'라는 의미의 일반적인 표현이다. 이런 문구는 회사 사무실 벽에 붙은 번지르르한 포스터에 주로 쓰여 있는데, 보기에는 좋지만 사실은 좀 터무니없다. 당신은 처음에는 할 수 없으리라고 생각했던 일을 성취해 낸 경험이 있는가? 만약 당신이 대부분의 사람과 같다면 대답은 '그렇다'일 것이다. 반대로 할 수 있을 줄 알았는데 결과적으로는 해내지 못한 일이 있는가? 역시나 대부분의 사람에게 대답은 '그렇다'이다. 무슨 말인가 하면, 시작할 때 그렇게 생각했든 그렇지 않았든, 끝날 때까지(목표를 달성하거나 달성하지 못한 마지막 순간까지) 결과는 순전히 추측일 뿐이라는 것이다.

앞에서 버스에 치이면 길을 건너갈 가능성이 줄어들거나 사라진다고 한 이야기를 기억하는가? 이런 유형의 진술이 결국 전달하고자 하는 요점은, 할 수 있다는 주장을 받아들이도록 장려하는 것이다. 그런데 물론 현실에서는 결말을 알 수 없다. 이 역시 정체성의 문제로 귀결된다. '당신은 이런 유형의 사람인가 아니면 저런 유형의 사람인가?'라고 질문하는 것은 사실은 당신은 이런 유형의 사람이 되어야 하며 저런 유형의 사람이 되어서는 '안 된다'는 의미를 숨기고 있다. 우리 주변에는 자신들이 나폴레옹이라고 생각하며 대군을 이끌고 러시아

를 공격할 수 있다고 믿는 사람들이 있으며, 자신들이 헨리 포드라고 생각하면서 자동차의 대량생산 조립 라인을 자기가 고안해 냈다고 믿는 사람도 간혹 있다. 이런 사람들은 자기가 할 수 있다고 생각하지만 끝내 정신병원 신세를 지곤 한다.

덧붙여 헨리 포드에 대해 말하자면, 경력의 초창기에 엄청난 성공을 거둔 이후 그는 시간이 지나면서 상황에 맞춰 자신을 변화시키지 못하며 수많은 좌절을 겪었다. 혹여 그가 자신이 '할 수 있는 사람'이라는 믿음에 초점을 맞추느라 현실을 외면한 건 아니었을까?

인류를 위해 얼마간이라도 승리를 거두기 전에 죽는 것은 부끄러운 일이다.   _ 호러스 맨

이 인용문을 읽으면 도대체 선택의 자유는 어디에 있을까 하는 생각이 든다. 이 문장은 우리에게 인류를 위해 승리를 쟁취할 의무가 있다는 것을 가정하고 있다. 승리하지 못하면 내내 수치심과 죄책감에 시달리다가 전제 조건인 승리를 거둔 후에야 비로소 해방된다는 것이다. 그리고 나서야 죽을 자유가 생긴다는 것이다. 여기에는 삶의 기적에 감사하는 마음 같은 것은 없다. 인간을 개미탑에 헌신해야 하는 개미 무리나 다름없게 여긴다.

당신에게 꿈이 주어지면 그 꿈을 현실로 만들어 낼 힘도 같이 주어진다. 그럼에도 불구하고 노력해야 한다.

_ 리처드 바크

고상하게 들리지만 사실은 진부한 문장이다. 꿈이란 자신이 만들어 내는 것이 아니라 주어지는 것이라는 생각에서 출발하며, 더 나아가 이 말대로라면 꿈은 높은 데서 내려지는 행군 명령이 되어 버린다. 게다가 이 진술은 우리에게 꿈을 부여하는 것도, 그 꿈을 현실로 만들 힘도 같은 출처에서 나온다고 시사한다. '그럼에도 불구하고 노력해야 한다'는 말은 열심히 노력하면 성공할 수도 있다는 의미다.

하지만 많은 사람이 자신만의 꿈을 지니고 있다. 이들의 꿈 중에서 일부는 이룰 수 있고 일부는 그렇지 못하다. 리처드 바크의 생각과 달리, 꿈을 지니는 것은 특별한 일이 아니다. 인생에서 창조하고 싶은 많은 것을 이루려면 노력하고 배우고 창안하고 흔들리지 않고 밀고 나가야 하며, 이 외에도 여러 요소가 필요하지만, 적어도 이 인용문에 담긴 의미처럼 마법 같은 것은 개입되지 않는다. 더구나 이 인용문의 함의는 정체성에 관한 것이다. 꿈과 힘을 부여받는 것은 개인으로서 우리 한 사람 한 사람이며, 일단 그것들을 받게 되면 애써 이루어 내야 하는 책임을 지게 된다는 의미이기 때문이다. 즉, 애초에 꿈을 부여받게 된 것도 그런 이유이므로 그것을 따를지 안 따를지가 우리에 관한 여러 가지를 대변하게 된다(꿈을 따르면 살 가치가 있는 사람이고, 꿈을 따르지 않으면 살 가치가 없다는 뜻—감수자).

> 아리스토텔레스가 말했듯이, '탁월함Excellence은 습관이다'. 덧붙여 나는 이 탁월함이 작업을 완수한 직후 어마어마한 경외심이 일어날 때 그 느낌을 통해 일정하게 유지된다고 말하고 싶다. 작업자는 긴장을 풀었다가도 이내 그런 감정을 다시 새롭게 할 준비를 한다. 그에게는 그 외의 다른 모든 것이 지극히 사소한 일이기 때문이다.
>
> _ 크리스 제이미Criss Jami(미국 시인, 철학자, 작곡가—옮긴이)

첫째, 아리스토텔레스는 이 말을 할 때 자기 자신의 일상에 대해서 이야기했다. 그에게 지적 진실성, 높은 식견, 훌륭한 규율, 포괄적이지 않은 구체적 이해 등이 습관이었던 것처럼 탁월함이란 행위를 통한 습관이었다. 그는 일반화시켜 버리는 것을 좋아하지 않았으므로 제이미가 자신의 말을 인용한 것을 알면 싫어할지도 모르겠다. 그의 스승인 플라톤은 사람은 왔다가 가지만 인간성은 계속 이어진다고 말했다. 플라톤에게는 실제 사람들보다 인간성이 더 실재하는 것이었다. 그러나 아리스토텔레스는 이에 동의하지 않았다. 그는 인간성 같은 집합명사는 쓰기에는 편리하지만 실제로 현실에는 존재하지 않으며, 진정한 실재는 현실의 남자와 여자라고 했다. 앞의 인용문에서 제이미는 아리스토텔레스의 말에 정서적 경험 같은 '투자 수익' 보상을 덧붙인다. 경외심을 일으키는 일이 우리에게 부여하는 '느낌'만이 중요하다고 한 대목이다. 정서적 보상이 뭔가 대단한 일을 창조하게 되는 이유이며, 창조물 그 자체가 이유는 아니라는 말이다. 이것을 앞에서도 소개한 로버트 프로스트의 말과 비교해 보자. "모든 위대한 일은 그 자체를 위해 이루어진다."

사랑받을 가치가 있다면 사랑이 찾아올 것이다.

_ 루이자 메이 올컷

이 말은 사랑받을 만한 '가치'를 이야기하면서 사랑받을 가치를 갖출 때까지는 아무도 우리를 사랑하지 않을 것이라는 의미를 전달한다. 사랑을 원하면 그에 걸맞은 일을 해서 사랑받을 자격을 갖추라는 것이다. 이 인용문은 지극히 순진하게 들리지만 우리가 '지금 있는 그대로'라면 사람들이 사랑해 주지 않을 것이라는 함의를 담고 있다. 지금의 우리로서는 충분치 않기 때문에 사랑을 '벌어들여야' 한다는 것이다. 여기에는 또한 호혜, 즉 상호 교환의 의미도 깃들어 있다. 우리가 노력해서 가치를 지니게 되면 우주도 이에 호응해서 짝을 데려다준다는 것이다. 그래서 짝을 얻었다면, 잘했네!

지금 당장 구글에서 검색하면 합당한 인간이 되기 위해 꼭

해야 할 일들을 포함해서 정체성에 호소하는 인용문이 수만 개는 나온다. 물론 해서는 안 될 일에 대해서도 마찬가지다. 거의 언제나 이들 인용문에 담긴 속뜻은 '네가 무엇을 하든, 죄다 너에 관한 것이다'라는 것이다.

이 장에서 얻어야 할 것

- 어떤 사람들은 자신에 관한 달갑지 않은 신념을 알아채고 자신이 생각하는 사람이 되지 '않겠다는' 정서적 갈등을 일으킴으로써 자신을 끊임없이 압박한다.

- 여기에는 자신이 재량껏 할 수 있게 되면 아주 잘못된 무언가를 하게 되리라는 가정이 깔려 있다.

- 그들은 스스로를 자기 자신으로부터 지키려고 애쓴다.

- 이런 행동은 역시 정체성에 관한 것이다.

- 실은, 우리에 관한 것이 아니다.

13장

집단 정체성과
편견

아마존에는 인종에 관한 책이 42,000권 이상 있다. 이 장에서 역사상 가장 복잡한 이슈 중 하나인 인종 문제를 그 책들만큼 깊이 다루지는 못하겠지만, 정체성 문제가 인종 관계와 불가분하게 얽혀 있는 만큼, 인종과 정체성, 편견의 문제에 통찰력을 제공해 보고자 한다.

카테고리에서 생각하기

언어가 작동하는 방식 중 하나는 단어를 등급 유형으로 분류하는 것이다. '의자'라는 단어는 모든 의자의 기본적인 공통성을 지닌 대상을 대표한다. 우리가 '의자'라고 말할 때 우리 마음은 모든 의자의 공통성을 공유하는 그룹인 '의자' 카테고리로 이동한다. 그리고 눈앞의 실제 의자를 이해하기 위해 이 '특정' 의자와 '모든' 의자 사이의 유사성과 차이를 분류해 내기 시작한다. 그것이 언어를 만들고 사용하기 위해 마음이 작동하는 방식이다. 일반적인 카테고리로는 명사(사물)와 동사(행동)가 있다. 우리는 눈에 보이는 것을 이들 카테고리 중 하나에 넣는다. 그런 다음 일단 카테고리에 배치된 특정 항목을 일반 카테고리의 특질과 대조해 고유한 차이를 식별해 낸다.

이런 방식의 사고를 함으로써 우리는 세상을 협상하기 쉬운 곳으로 만든다. 덕분에 싱크대, 문, TV, 자동차, 건물 같은 것들을 매번 다시 재발견할 필요가 없게 되며, 빠른 속도로 이 대상물들을 파악하고 무슨 일이 일어나는지 감을 잡을 수 있다.

그러나 '카테고리에서 생각하기'는 너무 자주 정확한 인식을 모호하게 하곤 한다. 무언가를 실제로 알기 전에 그것에 대해 안다고 생각하는 일이 너무 잦다는 이야기다. 앞에 놓인 것을 관찰하기보다 "이건 그것 같아"라는 사고방식을 받아들임으로써 현실을 왜곡하는 것이다.

1954년 심리학자 고든 올포트는 카테고리컬 싱킹categorical thinking, 즉 '범주적 사고'의 선입견에 대해 이야기했다. 우리가 일반화된 카테고리의 관점에서 생각하기 때문에 선입견은 인간에게 자연스럽고 정상적인 과정이라는 것이었다. 그는 이렇게 썼다. "인간의 마음은 카테고리의 도움을 받아서 사고할 수밖에 없다. 일단 형성된 카테고리는 정상적인 사전 판단의 기초가 된다. 이 과정을 피하는 것은 불가능하다. 질서 정연한 생활이 그것에 달려 있기 때문이다."

그러나 올포트의 견해처럼 마음이 자동으로 작동하는 것은 맞지만, 우리가 제어할 수 있는 영역도 분명히 있으며, 그것이 바로 관찰과 이성이다. 즉, 사고에 작용하는 힘은 '자동 범주화'와 '관찰', '이성'의 세 가지다. 이따금 마음이 생성한 일부 카테고리의 속성이 관찰과 이성에 배치될 때 이것들이 서로 경쟁하게 된다.

사실 카테고리의 추정에 굴복하고 카테고리의 관점에서 이성을 이용해 결론을 내리는 것이 세밀하게 관찰하는 것보다 손쉽기는 하다. 즉, 선입견으로 예단하기가 더 쉽다. 선입견이란 관찰하기 '전에' 결론을 내리는 것을 의미한다. 사실과 증거를 살펴본 '뒤에' 결론에 이르는 진정한 판단과는 완전히 다르다고 할 수 있다.

백인을 마주치면 우리는 '백인종'이라는 생각을 하면서 그 사람을 바로 '백인종' 카테고리로 분류한다. 흑인을 마주칠 때도 그 사람을 '흑인종' 카테고리에 일단 집어넣는다. 우리 마음이 즉각적으로 사람들을 카테고리로 분류해 내기 때문이다. 앞에서 말한 것처럼 마음이 '자동 범주화'라는 제 할 일 중 한 가지를 하는 것이라는 점을 이해할 필요가 있다. 물론 마음이 하는 일에는 관찰과 이성적 판단도 있다.

만약 당신이 도심 빈민가에 사는 젊은 흑인 남성이라면, 당신이 형성해 놓은 카테고리 중에는 '적대적 경찰'이라는 항목이 있을 수 있다. 그런 경우 경찰관이나 순찰차를 보게 되면 당신의 마음은 '부당한 대우', '위험', '적의' 등을 자동으로 연상하게 될 것이다. 반대로 당신이 도심 빈민가에서 근무하는 경찰관이라면 당신에게는 '갱 단원'이라는 카테고리가 있을 수 있다. 그런 경우 젊은 흑인을 마주치면 당신의 마음은 자동으로 '생명의 위협', '폭력', '범죄', '총기', '적의' 등을 연상하게 될 것이다.

이런 식의 결론은 신중한 사고의 산물이 아니라 오히려 본능적인 생존 메커니즘에 더 가깝다. 그러나 양쪽은 어떤 메커니즘이 작동하는지 고려하지 않고 상대를 비난하는 것부터 시작한다. 양쪽 모두 상대에 대해 '저쪽'이라는 개념에 묶여 있는 것이다. 여기서부터 각 집단이 상대에게 받은 인상을 강화하는 행동 패턴이 발달한다. 경찰관이 더 적대적인 태도를 보이면 젊은 흑인 남성은 경찰을 적으로 여기게 된다. 젊은 흑인 남성이 더 적대적으로 굴면 경찰관은 젊은 흑인 남성을 적으로 간주하게 된다. 곧 양쪽은 자신들의 생각을 증명해 줄 실제 사례를 확보하게 되며, 이로 인해 그들의 고정관념은 더 확고해진다.

이 구조는 파괴적인 순환으로 이어진다. 경찰관이 무기를 지니지도 않은 젊은 흑인 남성에게 총격을 가하는 일이 발생하는 것이다. 그런데 이 경찰관이 합당한 벌을 받지 않고 빠져나가는 것처럼 보이는 일이 일어나면 흑인 사회가 항의에 나선다. 항의는 평화 시위로 시작되지만 이내 몇몇 더 적대적인 사람들이 폭력적인 행동을 시작하고, 경찰은 더 방어적인 태도를 보이게 된다. 거기에 항의하던 사람이 경찰 구성원들을 살해하는 사건이 일어나기라도 하면 경찰은 자신들이 위험에 처해 있다는 생각을 더 굳힌다. 그리고 이런 일이 계속된다. 이성을 소환하는 것은 마음이 '자동적'으로 반응하려는 충동에 견주면 약해 보인다. 상황을 해결하기 어렵게 만드는 것은 사람들이 자신도 모르는 사이에 시스템의 플레이어 노릇을 한다는 것이다. 마음의 범주화 방식이 악순환을 만드는 것이다.

양쪽의 불만은 모두 타당성이 있다. 도심 빈민가에 갱단이 있는 것은 사실이고, 갱들은 당연히 위험하다. 일부 경찰관이 편견을 가지고 흑인, 특히 젊은 흑인 남성을 대하는 것도 사실이다. 흑인이 백인보다 경찰에 제지되는 비율이 더 높은 것 역시 사실이다. 이 비율이 다섯 배 높게 나타나는 지역이 있을 정도다. 반대로 일부 흑인 남성들이 갱단의 일원인 것도 사실이다. 물론 대다수가 그렇다는 것은 아니다. 그런데 마음은 '무죄가 입증되기 전에는 유죄'라고 속삭거린다. 각자 자신들 나름의 방식으로 해결하려고 해 봤자 문제는 풀리지 않는다. 필요한 것은 습관적으로 카테고리로 분류해 버리는 마음을 관찰과 이성이 압도하는 것이다.

편견은 개념적 일반화에 바탕을 둔 무분별한 자동 범주화에서 비롯된다. 다른 말로 표현하면 이렇다. '편견은 현실에 접촉하고 있지 않는 것들의 사례다.' 즉, 편견은 현실을 있는 그대로 보는 것이 아니라, 최악의 상황을 가정해 정서적인 반동을 일으키는 것에 불과하다. 사람들은 자신이 위험에 처해 있다고 느끼면 방어적으로 행동하며 악순환이 확대되면서 적대감도 커진다. 양쪽 모두 상대방이 자신들과 전쟁을 벌이려는 것이라고 주장한다.

부족 중심주의

사람들이 집단을 이루면 부족의 형태를 띠게 된다. 부족은 집단 정체성을 중심으로 이루어지며 구성원의 자격이 개인의 자유보다 더 중요하게 여겨진다. 부족의 구성원들은 자신의 가치와 열망에 따르기보다 자신이 속한 부족의 규범에 순응하는 경향이 더 크다. '부족 중심주의Tribalism'는 인류의 역사에서 가장 오래된 사회 질서다. 고대의 다른 여러 체계와 마찬가지로 부족 중심주의도 나름의 합당한 이유가 있어서 존재하게 되었다. 생물 종으로서 우리 선조들의 생존은 부족 형성에 달려 있었던 것이다. 나중에야 사람들은 개인주의를 생각하기 시작했으며, 이후 개인의 자유 대 사회 규범과 관습 사이에 끊임없는 충돌이 이어져 왔다.

여전히 일부 국가에서는 개인주의가 가족과 사회 단위에

대한 모욕으로 여겨지기도 한다. 또 한 개인의 특정한 선택이 가족 정체성에 의해 좌절되기도 한다. 이런 사회에서는 구성원들이 가족 표상의 정체성을 지켜야 한다는 압박감에 짓눌린 채 위선으로 가득 찬 은밀한 삶을 영위한다. 그래야 생존할 수 있기 때문이다.

프란치스코 교황은 케냐에 갔을 때 젊은이들로 가득 찬 스타디움에서 모두 일어나 손을 맞잡으라고 요청했다. 간단한 행동이었지만, 여기에는 더 깊은 메시지가 담겨 있었다. 바로 부족 중심주의의 파괴적인 힘을 극복하고 사해 만민이 연대하는 생성의 힘을 이끌어 내자는 것이었다. 역사적으로 케냐는 부족 중심주의로 인해 어려움을 겪어 왔으며, 최근이라고 할 10년 전까지도 그랬기 때문이다. 그러나 부족 중심주의는 개발도상국에만 국한된 이야기가 아니고 세계적인 상황이다. 현대의 가장 큰 문제는 테러리즘이 아니고, 엄밀히 말하면 테러의 근원이라고 할 부족 중심주의다. '부족 중심주의'라는 말에는 원시적인 의미가 함축되어 있다. 우리 뇌리에 떠오르는 것은 정글 그리고 1만 년 전에 열대우림에서 자신들의 영역을 지켜 내기 위해 창을 든 사람들이다. 그러나 현대 문명에 이른 지금까지도 이름을 바꿔 가며 부족 중심주의는 여전히 다양한 방식으로 우리를 괴롭히고 있다. 부족 중심주의의 다른 이름은 '국가주의nationalism', '쇼비니즘chauvinism(맹목적·광신적·호전적 애국주의—옮긴이)', 제노포비아xenophobia(이방인에 대한 혐오 현상, 타인공포증-옮긴이) 그리고 불관용 즉 편협성이다.

중동과 동유럽 일부 지역의 문제들 중 하나는 많은 국가가 1차 세계대전 이후에 생겼다는 사실이다. 각 국가들 내에서 부족 중심주의가 편견을 불러일으키고, 이것이 적개심을 부채질해 다양한 집단이 진정한 연방으로 어울리는 것을 어렵게 만들고 있다.

물론 국가주의가 다 부족 중심주의인 것은 아니다. 프랑스의 요리, 미국의 록과 재즈, 독일의 공학, 일본의 디자인 등 자국의 독특한 문화적 미덕에 자부심을 갖는 것은 좋은 일이다. 자국민이 아니더라도 이런 훌륭한 것들을 두루 누릴 수 있어서 전 세계가 여러 국가의 고유한 재능에 깃든 문화적 풍요로움의 혜택을 받고 있다. 그러나 한편으로 국가주의는 특정 민족(부족)의 구성원이 아닌 다른 집단을 매도하는 형태로 나타나는 추한 측면도 있다. 이것은 '저들에게 대적하는 우리'라는 사고방식을 낳는다. 바로 자신이 속한 집단은 우월하고 '저쪽' 집단은 열등하다는 관념이다.

집단 정체성의 문제는 인류의 아주 이른 시작부터 우리와 더불어 존재했지만, 딜레마는 그것들이 그 어느 때보다 '지금' 가장 드세게 맹위를 떨치고 있다는 데 있다. 이것은 인간 정신의 내재된 속성 때문일 수도 있다. 우리의 기본적인 본성은 비슷한 사람들의 집단 주위로 모여드는 것이다. 우리는 사회적 동물이며 다른 사람들과의 연결을 추구한다. 어느 면에서 이것은 기술의 글로벌화와 발맞추는 좋은 일이 될 수 있다. 사람들이 자기가 속한 '부족'이 아닌 데서 다른 이들과 연결될 수 있는데, 서로에 대해 좀 더 알게 되고 공통점이 많다는 것을 깨달으면 차이를 통해 더 큰 공동체 의식이 만들어질 수 있다. 프란치스코 교황은 케냐에서 젊은 청중에게 온라인에 접속해 소셜 미디어를 통해 다른 사람들을 만나고 더 넓은 세상과 연결하라고 당부했다. 그는 이것이 과격화와 급진화를 누그러뜨릴 수 있는 해독제라고 생각한 것이다. 만약 전 세계가 우호적으로 한데 어울리면 급진화되기는 어려울 테니 말이다.

급진주의 성향을 띠게 되는 사람들에게는 한 가지 공통점이 있다. 개인적으로 불안감에 시달린다는 것이다. 그들은 자신이 아무것도 아니라거나 특별할 것이 하나도 없다고 생각한다. 그래서 집단 멤버십을 통해 자신들의 정체성을 보강하려 한다. 컬트와 급진주의 운동의 지도자들은 이 점을 잘 이용한다. 그들은 아주 영리하게 사람들이 자신에게 결핍되어 있다고 여겨 절실하게 추구하는 것들, 즉 영예, 소속감, 찬사 등을 제공한다. 이런 사람들에게는 총을 들고 무고한 이들을 죽이는 것이 쉽다. 그러나 그 일로 자신이 죽는 것은 인간의 본성에 반하기 때문에 실행하기 어렵다.

집단에서 추앙받거나 천국 또는 지상낙원에서의 보상을 약속하는 영예로움은 강력한 동기가 되기는 하지만 그것만으로 인간 본성에 내재된 생존 본능을 이기기에 충분한 정도는 아니다. 따라서 생존 본능의 강력한 역학을 벌충할 수 있는 또 다른 요소가 있어야 한다. '저쪽' 집단이 악할 뿐 아니라 '우리' 부족의 생존을 위협하고 있다는 전제가 성립되어야 한다. 생명을 위협하는 공통의 적이 있으면 사람들을 하나로 동원하기가 쉽다.

물론 적이 실재하는 위협으로 보여야 한다. 원래 인간은 차이보다 공통점이 더 많기 때문에 "저쪽이 우리와 다르다"라는 선언을 믿게 하는 것은 현실에 대한 근본적인 무지를 요구한다. 그렇게 해서 급진주의가 일단 정체성으로 이항하고 나면 문화의 풍요로움이 강탈당하고 모든 것이 상징화된다. 현실이 있는 그대로 보이거나 이해되지 않고 그 부분에 할당된 상징으로만 받아들여진다는 뜻이다. 이것이 종교나 정치 또는 민족 기원이라는 이름으로 받아들여진 후에는 예외 없이 집단 정체성과 부족 중심주의로 회귀한다.

서구에서는 ISIS와 알카에다가 선전을 통해 퍼뜨리는 메시지에 대적할 만한 더 강한 선전 메시지가 필요하다는 말을 자주 한다. 그러나 이들이 내보내는 메시지의 특성상 경쟁할 수 있는 대항 메시지란 있을 수 없다. 다른 쪽의 집단 정체성에 호소하는 메시지에 대적해 또 다른 집단 정체성에 호소하는 메시지로 싸울 수는 없기 때문이다. 해결 방법은 단 하나, 정체성이 본질적으로 허구라는 것을 폭로하는 것이다.

더 정교한 사회 구조는 건강하고 생산적인 공동체의 맥락에서 개인의 자유를 지지할 것이다. 이것은 관리하기가 더 복잡하다. 이런 사회에서는 차이와 다름에 대해 단순한 관용 이상의 것이 요구된다. 서로의 차이를 소중하게 여겨야 하는 것이다. 이것은 혼자서는 불가능한 것을 구축하기 위해 다른 사람들과 연대하고자 하는 깊은 인간적 욕망을 소환하는 것과도 같다. 이 구조에서는 모든 사람에게 최선의 것들이 나온다. 몇몇 유토피아적인 이상이 아니라, 부족적인 사고방식을 훌쩍 뛰어넘는 인류의 발명 그 자체를 대변하는, 고도로 실행 가능한 사회 질서가 이끌어져 나오는 것이다. 프란치스코 교황은 이것을 잘 알았기 때문에 모든 국가와 종교, 민족 집단과 문화를 향해 공동의 인류애에 동참할 것을 촉구했던 것이다.

다크걸스

2013년 오스카 여우조연상 수상자는 스티브 맥퀸의 〈노예 12년〉에서 고통에 시달리는 노예 팻시를 탁월하게 그려 낸 루피타 뇽오였다. 아카데미 시상식이 열리기 며칠 전, 뇽오는 잡지 〈에센스〉가 주관하는 제7회 할리우드 흑인 여성 오찬Black Women in Hollywood Luncheon에서도 최우수 연기상을 수상했다.

이 시상식에서 그녀는 어두운 피부를 지닌 것에 대해 말했다. 다들 하는 인종 이야기가 아니라 정말 피부의 색에 대한 이야기였다. 농오의 피부색은 유난히 어둡다. 어린 시절부터 그녀는 피부색이 어두운 데는 뭔가 잘못된 것이 있다고 생각했다. 그녀는 어두운 피부색 때문에 자신이 아름답다는 생각을 한 번도 해 보지 않았으며 내심 더 밝은 피부색을 간절히 바라며 살았다. 심지어 신과 거래를 해 보려 했다고도 했다. 피부색이 밝아지기만 하면 학교에서 자신의 스웨터가 사라지는 일도 더는 없을 것이고 어머니에게 말 잘 듣는 딸이 되겠다고 신께 다짐했다. 그녀는 아침에 일어나면 거울 앞으로 달려가곤 했지만, 매번 그녀의 눈에는 아무런 변화 없이 검은 피부색만 보였다. 그렇게 몇 년이 지난 후 그녀는 말했다. "난 불완전성의 유혹을 즐기기 시작했어요."

그녀의 고백은 행사장에 있던 다른 여성들의 깊은 공감을 불러일으켰다. 많은 사람이 이 뛰어난 재능을 지닌 아름다운 여성이 그들 모두 알고 있는 것, 즉 '색의 정체성'을 드러내 보여 주는 것을 지켜보면서 눈물을 흘렸다. 같은 달 농오는 세계에서 가장 화려한 잡지인 〈보그〉의 표지를 장식했다.

아이러니하게도 누군가의 피부가 검다는 것에 관한 편견은 대부분 같은 인종 사람들 사이에서 발견된다. 색을 정체성의 한 요소로 여기는 것이다. 이 생각의 기저에 있는 편견은 밝은 색이 더 좋고 어두울수록 나쁘다는 것이다.

빌 듀크와 챈신 베리가 만든 다큐멘터리 〈다크 걸스〉는 유색인종에 대한 편견, 지금은 컬러리즘colorism(색차별주의. 인종 간

의 차별이 아니라 피부색에 따른 차별을 가리킨다—옮긴이)'으로 옮겨
간 추한 진실을 폭로한다. 이 영상의 가슴 아픈 한 장면에서는
어린 흑인 소녀 앞에 만화로 그려진 한 소녀의 모습이 제시된
다. 왼쪽에서 오른쪽으로 이어지는 그림에서 소녀의 이미지는
점점 어두워져서 가장 오른쪽 그림은 아주 어둡다. 어린 소녀
에게 그림의 소녀 중 누가 가장 똑똑하냐는 질문이 주어진다.
소녀의 손가락은 빠른 속도로 움직여 가장 왼쪽의 가장 흰 그
림을 가리킨다. 소녀에게 누가 가장 덜 똑똑하냐고 묻자 소녀
의 손가락은 빠른 속도로 가장 오른쪽의 가장 어두운 그림을
가리킨다. 누가 제일 멋진 사람일까? 흰 그림. 누가 제일 비열
할까? 가장 어두운 그림.

이것은 1940년대에 케네스와 마미 클라크가 실시한 실험의
다른 버전이라고 할 수 있다. 이들이 실시한 인형 고르기 실험
에서 흑인 어린이들은 대부분 어두운 피부색이 아닌 밝은 피
부색의 인형을 골랐다. 흑인 어린이들 사이에 내면화된 인종
차별이 있다는 사실을 보여준 것이다.

〈다크 걸스〉의 또 다른 장면에서는 한 여성이 차 뒷좌석에
앉아 가족 여행을 갔던 열네 살 때를 되새긴다. 그녀의 어머니
가 "우리 딸은 아주 똑똑하고 예뻐"라고 말했는데, 거기서 멈
췄으면 그녀도 마냥 기쁘기만 했을 것을, 그녀의 어머니는 이
런 말을 덧붙이고 만다. "피부색이 두 톤 정도만 밝았으면 얼
마나 좋아." 이 마지막 말이 그녀를 짓눌렀고, 그때부터 성인

이 될 때까지 그녀는 자신의 피부색에 문제가 있다는 생각을 떨치지 못했다.

이런 편견은 어디서 오는 걸까? 물론 역사는 유색인종에 대한 백인 지배의 연대기로 가득 차 있다. 대영제국의 전성기에는 이것의 대표적인 사례가 '백인의 책무white man's burden(백인에게 유색인종의 미개발국을 지도할 의무가 있다고 해서 생긴 말이다—옮긴이)'라는 말로 대변되었다. 노예 제도는 '그리스도'의 덕목을 지켜 나간다는 명분으로 유색인종을 노예로 만들고 비인간화시키는 행위의 직접적인 표현이었다. 당시에는 백인이 승승장구했고, 상대적으로 어두운 피부색을 지닌 사람들이 그들에게 의존하는 것이 누구에게나 자명한 '사실'이었다. 물론 이 역학을 이해하기 위해서는 아주 많은 측면이 고려되어야 한다. 이 간략한 설명으로는 정체성의 피부색 요소에 뒷받침되는 역사의 거대한 흐름을 제대로 다룰 수가 없다. 그러나 이런 역사의 결과는 현재의 고용 관행, 교육 기회, 사회적 공정성, 평등 문제에서, 그리고 당연히 사법 시스템에서도 너무 쉽게 볼 수 있다.

하나의 집단 정체성 내에는 사람들을 계층별로 배치하는 다양한 세부 분할이 존재한다. '난 이쪽 혹은 저쪽 세부 집단에 속해 있으니까 너보다 나아' 같은 개념이 기본적인 인간성을 상실할 만큼 사람들을 괴롭힌다. 어느 집단에 속해 있는가가 삶의 결정적 요소로 여겨진다. 인종 편견에 맞서기 위해 '검은 것이 아름답다'라는 슬로건이 만들어졌고, 흑인으로 산다는 것에 대해 대단히 긍정적인 관점이 조성되고 있는 것은 사실이다. 그러나 문제는 여전히 초점이 정체성에 맞춰져 있다는 것이다. 긍정적이든 부정적이든, 정체성은 자신에 대한 초점에서 벗어나지 못한다. '당신은 누구인가? 다른 사람들, 다른 집단, 다른 하위 집단에서 당신은 누구인가?' 하는 것에서 나아가지 못한다.

현실적으로 우리는 우리, 즉 인간이다. 인간은 다양한 인종의 형태로 존재한다. 세상에는 좋은 인종도 나쁜 인종도 없다. 그런데 사람들은 그런 게 있는 척한다. 때때로 이것은 미묘하게 작용한다. 우리는 일반화에 빠지기 쉽지만, 사람들이 전체 집단을 똑같이 폭넓게 부정적으로 판단하는 행위를 용인해서는 안 된다. 이런 식의 기울어진 태도를 어린이에게 가르치면 편견의 저류가 세월을 관통해 성인이 되어서도 계속 흐르게 되기 때문이다. 당연히 이런 편견들은 사람들이 지닌 가장 깊은 가치와 직접적으로 충돌하기도 한다. 모든 사람이 삶에서 동등한 기회를 누려야 한다는 가치를 지닌 사람이 동시에 붙박인 편견을 지니고 있다면 그 편견은 확인하기도, 받아들이기도, 관찰하기도, 이야기하기도, 다루기도 어렵다.

정체성은 중요한 것처럼 보이지만 실제로는 중요하지 않다. 세상의 눈에 정체성이 중요하지 않다는 말이 아니라, 이 경우 세상이 틀렸다는 것이다. '실제로' 정체성은 중요치 않다. 우리가 인간으로 존재하는 것은 한 집단 또는 다른 집단의 구성원이 된다는 것인데, 한 집단이 다른 집단보다 좋거나 나쁠 수 없다고 하면 도대체 정체성은 무엇에 쓸모가 있다는 것인가? 어느 집단에나 위대한 천재, 예술가, 발명가, 인도주의자, 의사, 교사, 시민들이 부족함 없이 존재한다. 저 위대한 흑인 테니스 선수 아서 애쉬는 이렇게 말했다. "나의 잠재력은 인종이나 민족 정체성의 경계 안에서 표현될 수 있는 것 이상이다."

웰컴 투 오케스트라

재능과 능력이 고용의 유일한 기준이 되어야 하는 대표적인 분야를 꼽으라면 심포니 오케스트라를 들 수 있다. 그러나 세상 사람들이 갈망하는 오케스트라 단원의 자리는 오랫동안 백인 남성이 백인 여성 그리고 소수자들에 비해 훨씬 많이 차지해 왔다. 이것이 무의식적인 편견의 결과였을까? 그럴 수 있었을 것이다. 그 이유로 연주 분야에서 수준을 평가하는 새로운 관행이 개발되었다. 여러 주요 오케스트라에서 음악가가 보이지 않도록 커튼 뒤에서 오디션을 보는 관행을 채택해 오로지 연주로만 판단할 수 있게 한 것이다. 그 결과는? 더 많은 여성과 소수자들이 일자리를 얻었다.

로버트의 아내는 모국인 영국에서 처음 미국으로 왔을 때 보스턴에 있는 상당히 고급스러운 매장에서 쇼핑을 했다. 그녀는 아주 잘 차려입고 있었고, 아주 정중하고 적절하면서도 우호적인 최고의 서비스를 받았다.

며칠 후 그녀는 그 상점에 다시 갔는데, 이번에는 청바지와 캐주얼한 상의 차림이었다. 그녀는 똑같은 사람이었고, 똑같은 상점에 갔으며, 똑같이 아름다운 영국식 억양으로 말했지만, 이번에는 전혀 제대로 된 서비스를 받지 못했다. 판매원 중 몇몇은 그녀가 며칠 전에도 방문했다는 것을 아예 기억하지 못하는 것이 분명했다. 그들은 그녀에게 무례하고 경멸적인 태도를 보이며 무시했다.

판매원들이 그녀가 입은 옷으로 그녀를 카테고리화한 결과였다. 그들은 편한 차림을 한 사람을 고객으로 여기지 않았던 것이다. 물론 이것은 비지니스 현장에서 벌어지는 일로서는 어이없는 사례지만, 좀 더 미묘한 수준에서 편견의 차원을 보여 주고 있다.

우리는 실제의 그 사람을 알지 못하면서 모든 것을 일단 고정된 카테고리에 넣어 버리는 마음의 역학을 토대로 잘못된 결론을 내릴 수 있다. 부유하다, 가난하다, 백인이다, 흑인이다, 라틴계다, 아시아계다, 아프리카계다, 남미계다 등등.

제롬 그루프먼은『닥터스 싱킹』에서 의사가 환자에 대해 빠른 결론을 내릴 때 주로 오진이 발생한다고 지적했다. 환자와의 첫 대면에서 18초 이내에 종종 이런 일이 발생한다고 한다. 의사가 환자에 대해 자동적인 편견을 발동해 환자의 호소가 어느 정도 신뢰할 만한지를 미리 결정해 버리는 것이다. 문제는 이런 일이 너무 자주 치명적인 결과로 이어진다는 것이다. 이 역시 마음이 사람의 외양을 토대로 그를 자동으로 카테고리화하는 또 다른 사례를 보여 준다.

의사는 관찰하고 합리적인 판단을 할 수 있도록 많은 훈련을 받은 사람들이지만, 전통적인 의료 모델은 진단과 치료 처방을 기반으로 한다. 기본적으로 증상을 카테고리로 분류해 그에 따른 일반적인 치료법을 처방하는 것이다. 이것은 지식을 접근 가능한 체계에 배치하는 좋은 프로세스라고 할 수 있으며, 덕분에 웬만하면 의사의 진단은 옳다. 그러나 체계가 아무리 좋아도 편견에 따른 인간적 오류가 발생하면 의사도 실수할 수 있다.

이런 유형의 오류가 아주 흔히 보이는 것이 병리적 비만 환자의 경우에서다. 비만 환자들이 체중 때문에 건강 전문가들에게 무례한 대접을 받는다는 보고가 다른 환자들에 비해 압도적으로 많다. 어느 연구에서는 과체중 및 비만 여성들이 의

사들에게 체중에 관해 온당치 못한 비평을 들었다고 기록한 사례가 53퍼센트에 이른다고 했다. 더구나 체중에 의한 차별을 인식했다고 대답한 비만 환자들은 암 검진 같은 일상적인 예방 조치조차 회피하는 경향을 보인다.

심지어 의사가 체중과 관련된 판단을 직접적으로 표현하지 않았을 때조차 이들의 편향된 경향성은 환자에게 상처가 될 수 있다. 최근의 한 연구에서는 환자의 체질량이 높을수록 의사가 환자에 대한 존중감을 덜 나타낸다는 결과가 나왔다. 이 연구의 주요 저자이자 존스홉킨스의과대학 조교수 메리 하위징아 박사는, 의사가 환자를 덜 존중할수록 그 환자와 함께하는 시간도 줄며, 그 환자로부터 얻을 수 있는 정보도 줄어든다고 말한다.

무지

신경과학자이자 컬럼비아대학교 생물학과장 스튜어트 파이어스타인 교수는 저서 『이그노런스』에서 대부분의 사람이 과학에 대해 잘못된 인상을 지니고 있다고 지적했다. 우리 대부분이 학교에서 '과학적 방법'으로 배우지 않고 "대체로 신문 보도, 텔레비전 다큐멘터리, 고등학교 수업 계획 같은 것들을 짜깁기한 이야기"를 배웠다는 것이다. 그는 진정한 과학 프로세스는 미지를 이해하기 위한 추구의 과정이라고 묘사했다. 실제로 그는 '무지'라는 이름의 수업 과정을 만들었는데, 초청되어 온 과학자들이 몇 시간에 걸쳐 자신들이 '모르는' 것에 관해 이야기하는 수업이었다. 그 시간 동안 학생들은 카테고리화에 의존하지 않고 더 잘 관찰하고 합리적 추론을 이끌어 내는 방법을 배웠다. 아이작 뉴턴 경이 말했듯이, "과학에 가설이 설 자리는 없다"는 것을 보여 준 셈이다. 비슷한 이야기를 르네 데카르트도 했다. "어떤 현상이든 이해하기 위해서는 먼저 선입견부터 버려라."

마음이 모든 것을 미리 형성된 카테고리에 기계론적으로 대입한다는 사실이 알려지면서, 가장 창의적인 과학자들은 편견 없이 객관적으로 관찰할 수 있도록 스스로 사고 프로세스를 단련하곤 한다. 물론 이렇게 하기가 쉽지만은 않다. 필요한 기술을 발전시키는 데 몇 년이 걸릴 수도 있기 때문이다. 수학은 정말로 구조적인 언어이기 때문에 이 프로세스에 도움이 된다.

월터 아이작슨은 자신이 쓴 걸출한 전기『아인슈타인, 삶과 우주』에서 아인슈타인이 지녔던 특유의 자질 중 하나가 과거에 뿌리를 두지 않는 점이라고 평가했다. 아인슈타인은 데카르트가 일러 준 대로 모든 선입견을 자신에게서 제거해 낼 수 있었던 사람이다. 아인슈타인의 경우 고전물리학이 그 제거 항목 중 하나였다.

평균적인 사람이 자신의 내면에 깃든 모든 선입견을 제거하는 것은 불가능하다고 여길 수 있겠지만, 사실은 이런 특질이 내재적인 기본 기술로 제공되는 분야가 몇 가지 있다. 그중 하나가 바로 회계다. 회계사는 검토 중인 실제 숫값을 확인해야 한다. 물론 회계사는 일단 검토가 끝난 숫값으로 무엇을 할지 알 뿐 그것을 일반화된 개념으로 생각하지는 않는다. 그들은 결코 고객에게 이렇게 말하지 않는다. "아시겠지만 고객께서는 지난주에 저희가 처리해 드렸던 다른 고객과 거의 같은 경우입니다. 그분은 세금을 단 4,030달러만 내면 됐거든요. 고객께서도 세무 당국에 4,030달러를 보내시면 그쪽에서 만족할 거라는 확신이 드는군요." 회계 분야에서 일하면서 모든 선입견을 제거하지 못하는 사람이 결국 가게 되는 곳은 교도소다.

정체성과 편견

마음이 진실이라고 추정하는 개념을 견지하는 것은 정체성에 본질적으로 얽힌 개념을 고수하는 것과 아주 다르다. 그래서 관찰과 이성이 부적절한 개념을 뒤집을 수 있지만, 그 개념이 정체성과 얽혀 있을 때는 그 이상이 요구된다고 하는 것이다. 심지어 아무리 객관적인 사실과 증거가 많아도 개념을 바꾸지 못할 때도 있다. 자신의 개념에 어긋나는 것은 무엇이든 인신공격이나 자기 존재에 대한 위협으로 받아들일 때 그렇다. 이것은 일부 개념과 신념이 그 사람의 정체성과 묶여 있는 상태라고 할 수 있다. 여러 번 이야기했듯이, 우리는 우리의 신념이나 개념이 아니다. 이 점을 이해하고 있으면 깊이 견지해 온 신념이나 개념이 도전을 받을 때 위협받는 기분을 극복하는 데 도움이 될 것이다.

다른 사람, 특히 집단에 대한 신념은 그 생각이 자기 자신의 정체성과 불가분하게 묶이기라도 한 듯 고정될 수 있다. 그리고 나이가 들수록 자신의 방식을 고집하는 이런 경향은 더 커진다. 더구나 일단 어느 세계관에 안착하고 나면 마음을 바꾸는 일이 점점 더 어려워진다. 마음이 변화에 저항하고 논리와 양식에 반하며, 완고하고 융통성 없으며, 경직된 개념 속으로 파고들어 요지부동이 되어 버릴 수 있다. 물론 이 바람직하지 못한 패턴의 원인이 딱히 나이만인 것은 아니다. 세상에서 가장 창조적인 사람들 다수가 나이 들면서 점점 더 개방적이고 유연해지는 모습을 보여 주고 있으니 말이다.

마음이 움직이는 방식을 아는 사람, 즉 마음이 자동으로 편견을 작동시켜 결론으로 뛰어드는 경향이 있다는 것을 아는 사람은 관찰과 이성에 특별히 초점을 맞춘다. 이것은 시간을 들여 연습함으로써 계발할 수 있는 능력이다.

이 장에서 얻어야 할 것

- 편견은 부분적으로 사물을 카테고리에 분류해 넣는 마음의 작용에서 비롯된다.

- 이것은 자동적이다.

- 그러나 마음은 관찰과 합리적 추론 역시 할 수 있다.

- 마음이 자동으로 카테고리화하는 프로세스는 자주 현실을 놓친다.

- 관찰과 합리적 추론을 훈련하면 이런 경향을 바로잡을 수 있다.

- 개인의 정체성이 집단 정체성과 묶일 때 사람들은 부족 중심주의의 형태로 서로 분리될 수 있다.

- 국가주의에는 두 가지 형태가 있다. 문화적 풍요로움과 분열이다.

- 어떤 인종도 다른 인종보다 우월하지 않다.

- 모든 인간은 다양한 집단에 속하게 되지만 모두에게 공통된 것은 인간성이다.

- 편견은 현실을 왜곡한다.

- 나이가 들수록 우리는 더 완고해질 수도, 더 유연해질 수도 있다.

14장

정체성
투쟁

비만은 전 세계 인구의 건강에 심대한 영향을 끼치는 세계적인 유행병이다. 사랑하는 가족과 친구, 동료들에게 둘러싸여 만족스럽게 사는 소수의 사람이나 체중과 씨름하지 않고 지낸다. 미국은 세계에서 가장 비만한 국가 1위다(비만에 걸린 시민의 총수). 그 뒤를 중국, 인도, 러시아, 브라질, 멕시코, 이집트, 독일, 파키스탄, 인도네시아가 뒤따르고 있다. 이뿐 아니라 미국과 멕시코에 사는 사람들의 3분의 2 이상, 그리고 미국식 생활 방식에 노출되어 있는 전 세계의 많은 사람이 체중 문제로 지속적인 고통을 받고 있다. 이들 대부분은 건강을 개선하기 위해 무엇을 해야 하는지 알고 있지만, 끝내 해내지 못하는 상태다.

우리는 이 공중 보건 이슈가 개인적 수준, 사회 관계망, 환경 요인 등 다양한 스펙트럼에 의해 영향을 받는다는 것을 알고 있다. 개인적 요소는 건강하지 못한 식단, 과도한 칼로리 섭취, 활동 부족, 부적절한 수면, 지나친 스트레스, 노화, 유전적 영향 등으로, 이것들이 체중 증가에 대한 각 개인의 민감성에 다양하게 작용한다. 또한 비만은 사회적 질병으로서 가족의 식습관과 활동 습관, 가까운 친구들의 행동, 그 외 생활 방식의 다양한 요소들이 한 개인의 체중에 지대한 영향을 미칠 수 있다. 즉, 비만한 사람들과 자주 어울리면 자신도 비만이 되기 쉽다는 말이다. 실제로 2007년에 니콜라스 A. 크리스타키스와 제임스 H. 파울러가 《뉴잉글랜드 의학 저널》에 발표한 기념비적인 논문 〈32년에 걸친 대규모 사회 관계망에서의 비만 확산 The Spread of Obesity in a Large Social Network over 32 Years〉에도 이런 내용이 실려 있다.

걷기와 운동, 건강한 음식 섭취를 실천할 수 있는가 하는 환경적 영향은 대단히 중요한 요인이지만 사회경제적 수준이 낮은 저소득층이 모여 사는 도심 환경에서는 대개 여의치 않다. 우리 저자들은 지속적인 변화를 이루고 싶어서 체중과 악전고투하는 사람들에게 정체성 문제가 어떤 식으로 장벽이 되는지를 대단히 자주 보았다. 아무리 노력해도 안 되는 경우가 너무 많았다.

대부분의 사람이 가장 흔히 취하는 접근법은 다이어트를 시작하는 것이다. 앞에서도 말했지만 체중 감량을 목적으로 다이어트를 시작한 사람들의 85퍼센트는 2년 이내에 다시 체중이 불어난다. 안타까운 것은 이런 식의 접근 방식은 거듭거듭 효과가 없는 것으로 나타날 뿐 아니라 체중 감량을 시작하기 전보다 더 무거운 몸이 되는 것으로 끝나는 일이 비일비재하다는 것이다.

독자 여러분은 이것이 진동 패턴과 흡사하다는 사실을 눈치챘을 것이다. 정답이다. 생리학적 요인도 패턴에 관여하지만, 구조적 역학이 더 지배적이다. 그래서 건전한 방식으로 체중 감량을 시도해도 결과가 지속되지 않는 것은 그 사람의 근본 구조가 이것을 지지하지 않기 때문이라고 하는 것이다. 거기에 정체성의 요소가 개입되어 있다는 뜻이다. 대부분의 사람에게는 '자신을 바라보는 눈'이 건강한 방식으로 체중 조절에 성공하거나 실패하는 복합적인 요인이 된다.

체중 문제가 자신의 가치를 하락시킨다는 관념

정체성이 어떻게 비만을 강화하는지를 먼저 살펴보고, 다음으로 체중 감량을 유지하려는 개인의 노력을 정체성이 어떤 식으로 좌절시키는지 살펴보자.

우리는 어린 시절부터 유전, 가족의 생활 방식, 학교, 그 외 여러 환경적·심리 사회적인 요인을 포함한 다양한 요인의 영향을 받는다. 발달 초기에 소속감을 못 느끼거나 또래 및 주변 어른들과 문제가 있을 때 혹은 유년기의 무력함을 느낄 때 자신이 경험하는 정서적 충돌을 벌충하기 위해 과식하게 되는 경우가 있다. 과식은 불안을 덜기 위해 이용하는 자기 위안의 형태이며, 뭔가 놓치고 있다고 여겨지는 것의 대용이다.

음식은 한편으로는 공감하면서 돌봐 주는 사람의 결핍을 메우는 역할을 하지만, 또 한편으로는 공감이 지나쳐서 온 가족에게 사랑과 돌봄을 과시해 보이려는 듯 먹이는 일에 집중하는 양육자의 수단이 되기도 한다. 결국 이런 것들이 비만이라는 결과로 이어진다.

그러나 그다음에 일어나는 일들이야말로 정체성 문제를 한층 심화시킨다. 발달 과정에 있는 비만한 어린이가 아주 심하게 영향을 받는 성장기에 가족과 친구들로부터 배척당할 위험에 놓이는 일이 발생할 때다. 어린아이가 가까운 사람들에게 손가락질의 대상이 되면 소외감은 물론 다른 사람들은 아무 문제가 없는데 자기만 뭔가 아주 잘못된 것 같은 느낌에 시달리게 되고 만다.

우리의 사회적 연계가 비만인 사람들이 매사 뒤떨어진다는 관념의 생성을 다양한 방법으로 조장한다는 보고가 있다. 이에 관한 연구를 몇 가지 살펴보자. 우선, 비만 어린이가 실제로 존중과 배려를 덜 받으며 '다른' 대우를 받고 있다는 증거를 제시하는 일련의 연구들이 있다. 2010년 《비만》에 발표된 한 연구에서 노스텍사스대학교 연구자들은 비만 자녀를 둔 부모는 과체중인 자녀가 자동차를 살 때 보태 주는 경향이 적다고 보고했다. "이것은 이 가족의 유대관계에 커다란 긴장이 존재해

온 결과일 수 있다"라고 저자이자 노스웨스턴의 교수 댄 커셴바움은 말한다.

다른 경우도 있다. 체중 감량 기숙학교인 웰스프링의 전무 마이크 비숍은 "비만 어린이의 부모 중에 주로 '헬리콥터' 부모가 더 많은데, 그들은 아이의 인생에 지나치게 개입하는 경향이 있으며, 돌봄이 지나쳐서 어떤 면에서는 친절이 오히려 화가 되는 경우가 많다. 어쩌면 애초에 이것이 문제의 원인으로 작용했을 수도 있다"라고 했다.

비만 어린이들은 부모가 어떤 식으로든 자신을 다르게 대하는 경향을 보이면 자기에게 뭔가 다른(심지어 잘못된) 게 있다고 생각하게 되기 쉽다.

리즈대학교의 새로운 연구 프로젝트 '조기 또래 집단Early Peer Groups'에서는 네 살 무렵의 어린이들이 '과체중은 나쁘다'는 생각을 내면화하고 있다고 지적했다. 연구자들은 4~7세 어린이 126명과 이야기를 나누었다. 각각의 어린이에게 앨피(어린 소년) 또는 앨피나(어린 소녀)라는 이름의 등장인물이 나오는 그림책을 읽어 준 것이었다. 앨피와 앨피나는 정상 체중, 과체중, 휠체어를 탄 아이의 모습으로 다양한 버전의 이야기에 등장했는데, 특히 과체중 버전의 이야기를 들은 43명의 어린이 중 단 한 명만 주인공과 친구를 하겠다고 말했다. 또한 어린이들은 과체중 버전의 등장인물에 대해 파티에 초대받을 가능성, 자신의 외모에 만족할 가능성, 경주에서 이길 가능성,

학교 활동을 잘해 낼 가능성(휠체어 버전의 등장인물보다도 낮았다)에서 모두 낮은 점수를 주었다. 이것은 비만에 대한 편견과 마찬가지로 신체 크기에 대해서도 사회적 인식이 확고하다는 사실을 확인시키는 증거이기도 했다.

이 연구의 저자 중 한 명인 앤드루 힐 교수는 인터뷰에서, 어린이의 성별에 따른 감정의 차이는 발견되지 않았으나 나이가 많을수록 '뚱보'에 대한 편견도 더 커질 가능성이 있다고 말했다. "우리에게는 체중과 도덕에 관한 근원적인 사회적 해석이 있다고 생각해요. 사람들의 도덕성이 그 위에서 형성되는 거죠. 그게 아주 강력해서 아이들이 민감하게 수용하는 거라고 생각합니다."

어린아이들이 '지방'에 대해 고정관념과 부정적인 감정을 내면화하고 있다는 증거는 이 외에도 많다. 2010년의 연구에서는 3~5세 여자아이들이 캔디랜드 사의 게임용 인형 조각에서 뚱뚱한 모습보다 얇거나 평균 크기를 선택하는 경향을 보였다. 아이들은 선택에서 제외된 조각에 대해서는 "뚱뚱해. 나는 저렇게 안 될 거야" 같은 비난하는 듯한 말을 덧붙였다. 나아가 아이들은 타인에 대해서만 편견을 표현하는 것이 아니라, 자신이 생각하는 자신의 모습을 부정하려 하면서 이 편견을 스스로에게 적용한다. 말하자면 우리는 세 살, 네 살, 다섯 살, 일곱 살 어린아이들이 '뚱보'로 낙인찍힐까 봐 두려워하는 세상에 살고 있는 것이다. 디킨슨대학 교수이자 『뚱보 조롱Fat

Shame』의 저자 에이미 패럴은 CNN과의 인터뷰에서, "뚱뚱하다는 것에 대한 편견은 대단히 강한 문화적 발상이기 때문에 어린이들이 빠르게 습득하는 것이 당연해요"라고 말했다.

이런 외적 차별은 대학과 직장으로까지 이어진다. 창조적 리더십 센터의 최근 연구에 따르면, 회사의 최고 경영자 중 체질량 지수가 높은 사람이 체중이 덜 나가는 동료에 비해 일과 개인적인 관계에서 두루 상대적으로 더 냉정한 평가의 대상이 되며 덜 효율적이라는 평판을 얻는다. 이뿐 아니라 여러 연구에서 과체중인 성인은 직장과 학교에서 그리고 애정 관계에서도 잘 풀리지 않는 경우가 많은 것으로 나타나고 있다. 또한 고등학교를 제대로 마치고 대학에 입학해 문제없이 졸업하거나 결혼에 이르는 확률도 낮으며, 가난하게 살 가능성은 더 크다.

우리 저자들이 사람들과 작업하면서 경험한 것도 연구 결과와 다르지 않다. 우리가 만난 이들 중 체중과 씨름하며 살아가는 사람들이 자신에 대해 달갑지 않은 신념을 심각하게 고수하는 것은 드문 일이 아니었다. 그들에게는 체중 감량이 올바른 방법을 적용해 바른 습관을 받아들이는 객관적인 과정이 아니라 마치 개인적인 '정체성 투쟁'을 벌이는 양상이 된다. 결국 비만한 사람들이 받아들이는 보상 전략은 주로 세 가지 중 하나다.

첫째, 완전한 부정이다. 비만에 관련된 제한 같은 것은 없다고 생각하거나 체중이 인생 구축 과정을 창조하는 데 걸림돌이 되지 않을 거라고 여기는 것이다. 이들은 현실을 부정하고 있기 때문에 건강 상태를 개선하는 데 별다른 영향을 미치지 못한다.

둘째, 드러내 놓고 포기해 버리는 것이다. 이들은 자신에게 상황을 바꿀 능력이 없다고 생각해 희망이 없다고 여긴다. 자신을 피해자로 생각하기 쉬우며 타인과 자신, 자신이 처한 상황과 운명, 환경을 탓하곤 한다.

셋째, 체중 감량에 적극적으로 집중하긴 하지만, 계획과 결단하기 또는 이번에는 '실효'가 있겠지 하는 희망 속에서 별 대책 없이 단계를 밟아 나가는 것이다.

퍼듀대학교 노화 및 생명 센터 Center on Aging and the Life Course 의 마커스 셰이퍼는 최근 연구에서 비만이 건강의 위험을 의미할 뿐 아니라 불리한 사회적 지위를 부여한다는 점을 분명히 했다. 게다가 체중으로 인해 차별을 받는 것 자체가 실제로 건강에 적신호가 되며 기능 장애를 심화시키기도 한다고 했다. 즉, 비만인 사람들은 다른 이들의 시선에 점점 더 신경을 곤두세우게 되며, 이것이 스트레스를 증가시키고 건강과 신체 기능에 추가적인 부정적 영향을 미치게 된다는 것이다.

한 가지 더, 우리 삶의 만족도는 주변 사람들의 체중과도 관련되어 있다. 콜로라도대학교의 논문 「비만은 (때때로) 중요하다」에서는 비만한 사람들은 비만한 사람들이 거의 없는 지역에서 살면 훨씬 덜 행복하다는 주장을 내놓았다. 달리 말해 삶의 만족도는 다른 모든 사람과의 비교를 근거로 한다는 것이다. 그런 지역에서는 비만하거나 과체중인 사람은 이런 생각을 하게 될 수밖에 없을지 모른다. "오케이, 세상이 다 나한테 덤빈다는 거지!"

그럼 어떻게 해야 할까? 아래는 대답해야 할 단 '하나'의 기본 질문이다.

당신은 최적의 건강을 원하는가?

만약 대답이 '그렇다'이면 들려줄 수 있는 정말 중요한 조언도 하나다.

주의를 자기 자신에게서 돌려 인생 구축 과정에 집중하라!

물론 과체중이 지극히 개인적인 문제로 느껴질 수는 있다. 아무도 우리에게 먹으라고 강요하지 않았으니까. 의자에 묶인 채 누가 목구멍으로 음식을 밀어 넣어서 할 수 없이 먹은 것이 아니다. 식당에 가서 음식을 시킨 것도 자신이고, 뷔페에서 접시를 잔뜩 채운 것도 자신이며, 한밤중에 과자를 먹은 것도 자신이다. 그러나 이런 행동들 역시 다른 모든 행동과 마찬가지로 근본 구조가 원인이라는 것을 다시 한번 강조한다. 이런 모습을 성공적으로 바꾸는 열쇠는 초점의 변경에서부터 시작된다. 초점을 '자기 자신'에서 '인생에서 가장 중요한 것을 창조'하는 방향으로 바꾸는 것이다. 새롭고 건강한 습관을 받아들이려고 노력하면서 초점이 여전히 자신에게 있으면 새로운 습관을 배우기는 힘들다. 생활 방식을 바꾸려는 온갖 시도가 빗나가거나 실수가 이어질 것이다.

우선 자기 자신에게 집중하던 것을 바꿔 이루고 싶은 '건강한 결과'에 초점을 맞춰야 한다. 동시에 다른 사람들이 어떻게 생각하는지는 무시할 필요가 있다. 그들에게는 선택권이 없다. 인생의 중요한 변화에서 늘 그렇듯이 모든 사람이 우리의 성공을 보고 싶어 하는 것은 아니다. 어떤 이들에게는 그것이 (개인의 주체성이) 무기력함을 주장해 오던 것에 대한 위선처럼 느껴질 수 있을 것이고, 우리가 원하는 것을 향해 나아가는 모습이 자신들의 능력에 대한 위협처럼 느껴질 수도 있을 것이다. 우리가 명심할 것은, 구조에서 생성되는 패턴이 두 가지라는 것이다. '진동'과 '전진', 그리고 우리가 원하는 것은 진동에서 빠져나와 전진으로 나아가는 것이다.

일단 전진 구조로 이동하면 동기, 즉 열의가 분명하고 단순해진다. 우리의 동기는 더 나은 건강과 최선의 웰빙이다. 이어 현재의 현실에 맞춰 욕망하는 결과(구조적 긴장)에 초점을 맞추면 건강과 웰빙으로 이끄는 습관을 구축하는 데 필요한 매일 매일의 선택, 즉 부차적 선택을 할 수 있게 된다.

이제 더는 자신에 대해 어떻게 느끼는지 또는 매일 얼마나 잘했는지 못했는지가 중요하지 않다. 중요한 것은 오로지 꾸준한 발전이다. 먹고, 활동하고, 잠자고, 스트레스를 다스리는 일에서 조금씩 나아지는 것이다. 그렇게 배우고, 연습하고, 보충하고, 모델링하고… 인생에서 가장 중요한 것을 지원하는 작은 선택을 꾸준히 해 나가면 그 결과로 '결심'의 능력이 꾸준히 쌓일 것이다.

주州 공인 간호사 셜리 마스트는 자신이 '생각하는' 자신에게서 벗어나 자신이 '원하는' 것으로 초점을 이동시킴으로써 5년 동안 체중을 200파운드(약 90킬로그램—옮긴이) 감량하고 점진적으로 더 나은 건강과 웰빙을 창조했다. 물론 그녀는 여기에서 그치지 않았다. 생활 습관을 완전히 바꿨다. 당연히 근본 구조의 전환이 뒤따랐다. 이것이 건강한 체중이라는 첫 번째 목표에 도달할 수 있게 하고, 이후로도 몇 년이 지나도록 유지할 수 있게 해 준 힘이었다.

건강해지겠다고 생각하고 행동을 취하기까지, 나는 병적인 비만에 사로잡힌 채 남은 몇 년을 거의 포기하다시피 살고 있었다. 이미 나의 현실이 그렇게 되어 버렸으니 빠져나가는 것이 불가능하다고만 여겼다. 나는 태어나지도 않은 손주들에게 남겨 줄 스크랩북을 만들기 시작했다. 그 아이들을 결코 살아서 볼 수 없으리라 생각했던 것이다. 사실은 건강을 향한 여정을 시작할 때도 내심 25파운드 정도는 감량할 수 있으리라, 그러면 너무 이르게 죽는 것 정도는 막을 수 있지 않겠느냐는 생각만 했다. 완전하고 전적인 건강의 전환이 가능하리라고는 믿지 않았다.

다행히 얼마 지나지 않아 극적인 방식으로 건강을 정말로 효과적으로 개선할 수 있다는 사실을 알게 되었다. 인생의 지향성이 완전히 바뀌었다. 내가 어떤 사람인가로 나 자신을 규정하고, 가능하다 싶은 것들을 토대로 인생을 선택하는 것을 그만두었다. 나는 무엇이든 다 가능하다고 전제했을 때 정말 인생에서 창조하고 싶은 것이 무엇인지를 살펴보기 시작했다. 최선의 건강에 대한 나의 욕망은 '개연성이 있는 것을 받아들이는 것'에서 '가능성이 있는 것을 창조하는 것'으로 사고방식을 전환해 주었으며, 그러고도 그것을 훨씬 뛰어넘는 창조성을 불러일으켰다. '내가 생각하는 나'라고 하는 정체성을 방정식에서 떼어 내 버리고 최선의 건강을 향한 움직임에 도움이 되는 작은 발걸음을 내디디자 기회의 끝없는 지평이 내 앞에 열렸다. 아, 결론을 말하자면, 나는 지금 손주들을 돌보고 있으며 200파운드 넘게 체중이 줄었다.

과거에도 셜리는 체중 감량을 위해 노력했다. 그러나 번번이 요요를 겪었고 줄어든 체중은 원래로 되돌아갔다. 그러나 이번에는 달랐다. 그녀가 거의 늘 체중 감량 다이어트에 목을 매면서 인생의 온갖 한계에 집중했던 지난날과, 체중을 줄이고 건강하고 극적으로 다른 삶의 방식을 유지할 수 있게 된 지금을 비교하면서 분석해 보자.

그녀는 살을 빼면 컨디션이 한결 좋아진다는 것을 알고 있었고, 간호사로서 비만이 심장병과 뇌졸중, 당뇨, 암 등으로 대표되는 건강 문제를 일으킨다는 것에 대해서도 누구보다 잘 알았다. 그녀는 극심한 정서적 갈등 때문에 스스로 압박을 주고 행동하게 만들려고 노력하곤 했다. 사실은 그녀가 마지막으로 다이어트에 돌입한 것은 죽을지도 모른다고 생각하게 되었기 때문이었다.

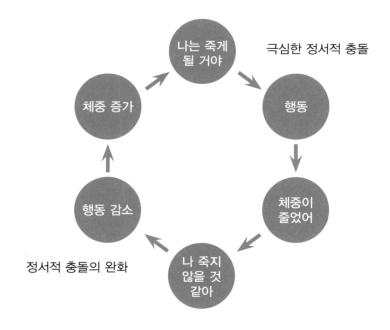

11장의 〈일상 속 마시멜로 테스트〉에서 살펴본 것처럼, 부정적인 결과(일찍 죽을 수도 있음)가 추진 동기가 되면 그에 따라 취해진 행동은 예상되듯이 진동 패턴을 생성한다. 셜리가 이전에 지녔던 동기와 행동을 살펴보면 왜 결과가 지속적인 변화로 이어지지 않았는지 알 수 있다.

셜리의 정서적 추진 동기는 체중이 몇 파운드 줄자 바로 힘을 잃었다. 그녀는 더는 처음에 행동을 촉발했던 것과 같은 수준의 정서적 충돌을 느끼지 않게 되었다. 충돌이 줄어들자 죄책감이나 두려움도 줄어들면서 위기감도 완화되었다. 그러나 충돌이 줄어들면서 예전 습관으로 돌아가게 되었고, 새로운 다이어트의 악순환이 다시 시작되었다.

이제 셜리는 구조에서 정체성을 제거해 냈다. 표에서 보는 것처럼 구조가 사뭇 다르다. 이후 그녀는 자신에게 중요한 것,

일차 선택   **최선의 건강**

　　　　　　　건강한 체중 감량의 습관

　　　　　　　건강한 식습관

부차적 선택　건강한 운동 습관

　　　　　　　건강한 수면 습관

　　　　　　　스트레스를 줄이는 생활 습관

　　　　　　　　　　　　　　　　　　　　　현재의 현실

바로 최선의 건강과 웰빙을 창조하는 일에 더 쉽게 집중할 수 있게 되었다. 또한 인생의 새로운 구조가 '구조적 긴장'이기 때문에 그녀는 현재의 현실에 스스로 정직할 수 있게 되었다.

전과 후

수십 년 동안 저자들은 셜리와 같이 생활 방식을 바꾸고도 충돌 조종이나 의지력 조종 등으로 인해 결실을 보지 못한 사람들의 경우를 무수히 보아 왔다. 그들은 '원하는 결과'나 '목표와 관련되어 실제로 존재하는 그대로의 현실' 그리고 '좋은 의도를 행동으로 바꾸는 전략'을 더 분명히 파악해야 했다. 또 한 가지, 정체성에서 인생 구축 과정으로 초점을 전환해야 했다.

이 장에서 얻어야 할 것

- 정체성이 비만과 얽혀 있으면 더 나은 건강을 창조하기가 더 어렵다.
- 우리가 자신으로 향하는 주의를 거두고 창조하고 싶은 건강의 결과에 집중하면 성공 가능성을 높일 수 있다.

15장

광고와
이미지 조작

로제타스톤 ^{Rosetta Stone®}의 라디오 광고를 듣다 보면 내레이터가 '새 신발을 사거나 40인치짜리 평면 TV를 산다고 해서 더 나은 사람이 되지는 않겠지만, 외국어를 배우는 일은 어떨까요?'라는 식의 말을 한다.

매스뮤추얼 ^{Mass Mutual®}(생명보험 회사—옮긴이)의 광고에서는 이런 말이 나온다. "당신이 사랑하는 사람이, 당신이 누구인가를 말해 준다."

광고업계는 결국 상품을 팔고 싶어 한다. 그게 그들의 일이다. 거기에는 아무런 문제가 없다. 그러나 수십 년에 걸쳐 이 업계의 초점은 회사의 상품과 서비스에서 우리, 즉 소비자 그리고 우리의 정체성으로 옮겨져 왔다. 「남성다움의 거울, 광고 이미지에서의 표상과 정체성」이라는 학술 논문에서 저자 조너선 E. 슈뢰더와 데틀레프 즈윅은 이렇게 쓰고 있다.

현대의 광고 중 많은 수가 광고하고 있는 제품이나 서비스에 대해 거의 언급하지 않는다. 시각 이미지들이 배열되고 제품은 배경으로만 처리되는 정도다. 등장하는 모델들, 라이프스타일 그리고 브랜드가 고도로 추상적으로 연결된다. 시청자는 광고 속 사람들의 모습, 즉 그들의 이미지와 라이프스타일, 신체가 지닌 의미를 제품으로 전이해서 이해하도록 요구받는다.

사회학자 어빙 고프먼은 광고가 정체성은 물론 옳고 그름, 좋은 인생의 개념을 규범적으로 제한함으로써 실제 경험에 직접적으로 영향을 미친다고 지적했다. 결정적으로 광고는 남성다움과 여성다움, 섹시함, 다른 사람들에게 매력적으로 보이는 것이 무엇인가에 대해 우리가 생각하는 방식에 영향을 끼친다.

고프먼은 '(광고에서) 모든 물리적 환경, 사교 모임의 모든 공간에 반드시 성별을 표시하거나 젠더 정체성을 확인할 수 있는 자료를 제공하고 있다'는 것을 보여 주었다. 표준 광고는 일반적으로 남성이 육체적, 재정적, 또는 심리적 우위에 있다는 내용을 내보냄으로써 유순한 여성에 대한 남성의 지배적인 태도를 보인다. 그러나 고프먼은 이런 우위적 행동들을 그저 퍼포먼스라는 것에 집중함으로써 이미지와 실제 경험 사이의 차이에 이의를 제기한 것이다.

집단은 정체성의 형성을 돕는다. 종종 개인적 이해관계보다 정체성에 호소하는 것이 더 강한 힘을 발휘하기도 한다. (중

략) 심지어 자기 이익에 관한 호소가 먹히지 않을 때도 정체성에 정서적으로 호소하는 것은 가능하다.

놀라운 말이 아닐 수 없다. 정체성에 호소하는 것이 개인의 이익에 최선인 것보다 더 강력하다니! 이런 사실을 보여 주는 좋은 사례가 유명한 말보로맨 광고다. 그는 카우보이였다. 키 크고, 강인하며, 독립적인, 클린트 이스트우드 같은 상징적 인물이었다. 그는 멋진 카우보이모자를 썼으며, 피부는 매일 외부 환경에 노출되어 거칠었다. 그가 담배로 자신을 죽이고 있다는 것은 아무 문제가 되지 않았다. 그가 담배에 불을 붙이는 모습은 멋있었다. 한 모금 크게 들이마셔 폐에 잠시 머금고 있다가 가장 멋지게 자욱한 연기를 내뿜으면서 카우보이다운 특징을 한껏 과시했다. 안타깝게도 말보로맨을 연기한 배우는 폐암으로 사망했다. 물론 그는 배역을 맡아 연기한 것이었다. 말보로맨은 결국 미키마우스 또는 〈코스모〉의 표지를 장식하는 화려한 모델들처럼 하나의 판타지다.

스타일

제법 번드르르한 라이프스타일 잡지들은 면면마다 주요 브랜드들의 광고를 게재한다. 루이뷔통, 프라다, 막스마라, 에르메스, 이브생로랑, 휴고보스, 디올… 문제는 이 광고들을 보면 뭔가 심상치 않은 일들이 벌어지고 있는 것 같다는 것이다. 마치 이 고가의 디자이너 옷들을 입으면 행복해질 수 없을 것 같은 느낌이 든다. 잡지의 모델들은 한결같이 슬프고, 심각하며 화난 것 같은 표정이고, 그도 아니면 우울해 보인다. 그들 모두 젊고 아름다운데 뿌루퉁하다. 혹시 그냥 그 사람들의 태도가 원래 그런 걸까? 아니면 그런 표정이 섹스어필하는 방법인 걸까?

궁금해진 저자들은 잡지 한 권을 사서 배우 브리지트 바르도 스타일로 고른 앞니를 내보이고 있는 모델들을 세어 보기로 했다. 잡지에 실린 숙녀분 중 28명(못 찾아서 그렇지 더 있을 수 있다)이 완벽한 앞니를 보이는 표정이었고, 나머지는 모두 입을 다물고 있었다. 남자들도 마찬가지로 그 좋은 디자이너 옷을 입고 기분이 안 좋은 하루를 보내는 듯했다. 그들은 먼 곳을 바라보거나 아래를 보는 모습이었다. 그중에는 깔보는 시선으로 카메라를 응시하는 모델도 한둘 있었다. 그들은 이런 말을 하는 듯했다. "너 누군데 이런 옷을 입은 나를 감히 쳐다보니?"

어쩌면 이런 것이 좋은 마케팅일 수 있다. 모두가 그런 스타일이니 그럴 수도 있을 것이다. 오케이, 그렇다고 하자. 불행하고, 우울하며, 냉담하고, 성가셔하고, 지루해하고, 심각하며, 비참해 보이는 것이 멋있다! 이 모델들은 누가 뭐래도 프로니까. 그래서 모두가 저 표정을 해낼 수 있었을 것이다. 그래, 대단하다! 그분들, 거울 앞에서 얼마나 연습을 했을 것인가. 몇 시간이고 저 뿌루퉁한 표정을 지어 보고 또 지어 보고 했을 게 아닌가. 피아니스트가 모차르트를 연주하기 위해 음계를 연습하느라 헌신하는 것과 다를 바가 없다. 아마추어들은 카메라 앞에 서면 과연 표정이나 지을 수 있을까?

우리는 모두 저마다 고유한 스타일이 있다. 집에 있는 사진들을 다 꺼내서 살펴보면 어느 사진에서나 자신이 똑같은 '사진 미소'를 짓고 있는 걸 알게 될 것이다. 20년 동안의 사진을 다 꺼내 놓고 보면 자신뿐 아니라 사진 속 인물들 모두 한결같이 자신만의 똑같은 미소를 반복해 짓고 있다는 것을 알 수 있다. 해가 바뀌고 삶에서 실제로 어떤 일이 일어났든 상관없이 거기에는 '자기만의 스타일'이 찍혀 있다. 물론 이 스타일이 프로들이 지닌 '그 스타일'과 같다는 말은 아니다.

그러나 핵심은 두 표정이 모두 허구, 즉 꾸며 보이는 것에 불과하다는 것이다. 우리 역시 그 순간에는 배우가 된다. 무언가를 창작해 내고 보여 주는 행위를 하는 것이다. 그렇게 하는 건 나쁘지 않고 때로 재미있다. 다만 그게 허구이며 만들어 낸 것이고 현실과 하등 상관없다는 것을 이해할 때만 그렇다. 사실 우리는 모델도 아니지 않은가.

장담하건대 어느 집에나 다들 우스꽝스러운 표정을 짓고 있는 즉석 가족사진이 있을 것이다. 드문 경우, 명절을 축하하는 가족사진에서 모두가 웃고 있을 때 예의 '모델 표정'을 짓고 있는 사람이 한 명쯤 있을 수는 있다. 이 경우, 20년 후에 아이들이 자라서 부모의 패션 센스를 보고 웃을 수 있는 나이가 되었을 때 그 사진을 보면서 무슨 말을 할까? "헉, 엄마 얼굴 표정이 왜 그래요? 그날 상한 음식이라도 먹었어요?" 전문 모델이 되는 훈련을 받아서 그렇다고 하면 아이들이 이해할까? '설명하기 어렵다'는 말로 얼버무릴 수 있을까?

창조 과정의 핵심은, 우리가 창조하기 전에는 존재하지 않았던 것을 창조하는 것이다. 무언가를 생기게 하는 것이다. 그것은 이야기나 연극, 시, 노래, 영화, 책처럼 허구적인 것일 수 있고, 그 이상의 것, 즉 우리가 살고 싶은 삶이 될 수도 있다. 그러나 우리 삶의 창조 과정에서는 허구보다 현실이 더 필요하다. 우리가 창조하고 싶은 삶은 '사진 미소'도 아니고 카메라에 잘 어울리는 뿌루퉁한 찡그림도 아니다. 그야말로 우리가 살아갈 모습 그대로다. 삶을 창조하기 위해서는 정체성을 위해서 짐짓 포즈를 취하거나 스타일을 보여 주는 것 이상이 필요하다. 이것은 타인에게도 그렇지만 자기 자신에게도 마찬가지다. 너무 자주 사람들은 자신의 정신적 카메라 앞에서 자세를 잡는다. 특정한 방식으로 보이기를 바라는 것이다. 그러나 창조 과정에서는, 더구나 창조의 대상이 인생 그 자체일 때는 자세를 취해 보일 여지도 없고 정체성 문제를 고려할 여지도 없다. 오로지 모든 것을, 나쁜 것들까지 포함해서 정확히 실제로 있는 그대로 보기만 하면 된다. 필요한 것은 '현실'이다.

달걀을 추가한 것뿐인데

1952년에 베티 크로커 Betty Crocker(제너럴밀스 브랜드를 대표하는 가상의 주부 캐릭터—옮긴이)는 새롭고 만들기 쉬운 케이크 믹스를 선보였다. 물을 넣고 저어서 굽기만 하면 끝이었다. 회사 측이 의도한 제품 전략은 '포장에서 오븐까지 90초'라는 슬로건을 내건 비스퀵 Bisquick®(베티 크로커 브랜드 중 혼합 믹스 제품군—옮긴이)처럼 조리하는 데 거의 품이 들지 않는 상품을 개발하는 것이었다. 비스퀵은 회사의 영업 임원 중 한 명이 기차 여행을 하던 중에 식당 칸의 철도 요리사가 갓 구워서 내놓은 비스킷을 맛보고는 훌륭하다고 칭찬을 한 일이 계기가 되어 1930년에 '발명'되었다. 요리사가 이야기한 비법은 라드, 밀가루, 베이킹파우더와 소금을 넣은 반죽을 미리 만들어 두는 것이었다. 그걸 구이 팬에 넣어 굽기만 하면 됐다. 그 임원은 회사에서 귀가하자마자 혼합 반죽을 곧장 오븐에 집어넣는 요리사의 아이디어를 따라 해 보았다. 그리고 곧바로 비스퀵 브랜드를 만들었다. 1931년에 비스퀵 제품이 매대에 진열되자 그 즉시 센세이션이 일어났다.

제너럴밀스에서는 즉석 케이크 믹스도 바로 히트할 거라고 생각했는데 의외로 판매가 저조했다. 회사 측은 사업심리학자인 벌리 가드너 박사와 어넷 디히터 박사에게 자문을 구했다. 두 사람이 조사한 결과는 주부들이 케이크를 너무 쉽게 만드는 것에 죄책감을 느낀다는 것이었다. 제품이 1950년대의 훌륭한 주부 이미지에 반하는 느낌을 준다는 것이 문제로 떠오르자, 심리학자들은 조리 과정에 추가 단계를 집어넣자는 아이디어를 냈다. 주부들에게 혼합물에 달걀 하나를 넣는 임무를 추가로 부여하자는 것이었다. 굳이 달걀을 더 넣지 않아도 케이크로 만들어지는 데 부족함이 없었지만, 지시사항을 하나 더 추가해서 여성들이 자기가 할 일을 하고 있다고 느낄 수 있도록 한 것이었다. 물론 여기서 달걀은 좋은 아내, 좋은 어머니라는 정체성을 상징했다. 그들에게는 쉽고 편리한 것도 중요했지만, 그것은 주부라는 자신들의 이미지를 거스르지 않는 선이어야 했던 것이다.

이 작은 이야기에는 큰 통찰이 담겨 있다. 1950년대의 주부들이 가장 편리한 방법으로 만족스러운 결과를 창조하는 데 초점을 맞췄더라면 믹스에 물을 넣는 단순한 방법으로도 괜찮았을 것이다. 정체성을 강화하고 싶다는 이유만으로 추가적인 단계를 넣거나 상징적인 몸짓을 얼마나 더해야 할까? 이 사례는 정체성 문제의 징후는 거의 보이지 않을 정도의 작은 행동에서도 발견된다는 방증이다.

많은 이들이 쉽게 성공하면 감당할 수 없어 하며 자기가 획득한 것이 아니라고 생각한다. 이때 작용하는 역학의 패턴은 시간이 지나면서 성공을 결국 망쳐 버리게 된다는 것이다. 이 역학에 있는 사람들은 성공이 쉽게 이루어지면 차라리 실패해 버리고 마는 것이 성공을 이어 나가는 것보다 더 편안하게 느껴지기도 한다. 그들에게는 성공이나 실패나 모두 자신들이 성공을 획득했느냐 그렇지 않으냐 생각하는 정도로 고만고만한 것에 불과하다.

우리가 원하는 결과물이 어느 기적적인 날 훅 다가왔든, 뼈 빠지게 일한 대가로 왔든 무슨 차이가 있다는 말인가? 세상에는 다른 사람보다 재능을 더 가진 이들이 있다. 재능은 단지 기술이나 정신적인 능력이 쉽게 얻어진다는 의미일 뿐이다. 재능이 좀 못해도 목표가 같다면 똑같은 결과를 얻기 위해 더 노력하면 그뿐이다. 물론 손가락 한 번 튕겨서 일이 되거나, 재능이 더 뛰어나거나, 타고난 능력이 있으면 좋기야 하겠지만 우리가 가진 건 딱 우리가 가진 만큼이다. 그게 시작점이다. 그러나 그것이 끝점은 아니다.

놀라운 결과를 이루어 낸 사람들은 대개 타고난 능력이 부족한 이들이다. 그들은 재능 있는 사람들보다 더 노력해야 했기 때문이다. 그 사람이 누구인가는 아무런 관계가 없다. 결과를 창조하기 위한 헌신이 중요할 뿐이다. 과정은 필요에 따라 더 쉽기도, 어렵기도 할 것이다. 흔히 과정이 미화되곤 하지만 그건 별로 중요치 않다.

모차르트에게는 음악이 쉽게 왔다. 마치 마음속 상상의 세계에서 쏟아져 나오는 것 같았다. 베토벤에게는 음악이 마음에서 자유롭게 샘솟는 것이 아니었다. 그는 반복해서 작업했고, 자신의 예술 능력을 시험하고, 실험하고, 발전시키고, 성장시키고, 심화시켰다. 두 사람 다 역사상 가장 위대한 음악을 탄생시켰지만, 만약 모차르트에게 정체성 문제가 있어서 그 영향으로 자신에게 음악이 너무 쉽게 온 것을 마음에 걸려 했다면 어땠을까? 그러니까 과정이 너무 쉬워서 자신이 썩 잘한 것은 아니라고 생각했다면 말이다. 혹은 베토벤이 자신에게는 모차르트만 한 재능이 없으니 작곡에 기를 쓰며 노력하기를 포기했다면 어땠을까? 물론 모차르트나 베토벤의 사례는 생각의 부조리가 쉽게 파악되는 편이지만, 이 개념이 자신의 정곡을 찔러 남의 일이 아니게 되면 받아들이는 심각성이 달라진다.

결국 우리가 평생에 걸쳐 이해해야 하는 주제는 이런 것이다. '자신에 대해 어떻게 생각하는지는 창조 과정에서 조금도 중요하지 않다.' 어떤 일에 대해서건, 필요하지 않은데 단지 정체성 문제에 영합하기 위해 달걀을 추가할 필요는 없다. 달걀을 추가하는 사례에 비추어, 자신이 성공했다는 것을 스스로에게 증명하기 위해 거짓 상징물을 만들어 내는 다른 방법을 쓰고 있지는 않은지 살펴보기를 바란다. 자신에게 재능이 있으면 그건 좋은 일이다. 원하는 일을 수월하게 해낼 재능이 없어도 그것 역시 좋다. 메뉴가 다를 뿐이다. 모차르트와 베토벤의 교훈을 기억하면서 해 나가면 된다.

이 장에서 얻어야 할 것

- 광고인들은 자신들의 광고를 정체성의 문제로 만들기 위해 애쓴다. 광고는 늘 그들의 제품을 쓰면 우리가 훌륭한 사람이 된다고 말한다.

- 그들은 우리가 자사 제품의 효용과 가치가 아니라 우리 자신이 어떻게 보일지에 근거해서 구매 결정을 내리기를 바란다.

- 1950년대의 주부들 중에는 믹스 제품이 너무 만들기 쉽게 되어 있으면 스스로 견지하는 이상적인 주부에게 어울리지 않는다고 생각하는 이들이 있었다.

- 사업심리학자들은 믹스 제품에 달걀을 추가하게 하면 주부들이 할 일을 제대로 하고 있다는 기분을 느낀다는 사실을 알아냈다.

- 필요하지 않은데 단지 정체성 문제에 영합하기 위해 달걀을 추가할 필요는 없다.

- 자신에 대해 어떻게 생각하는지는 창조 과정과 관련이 없다.

16장

우리 본성의
돌아온 탕아

벤저민 프랭클린은 현명하게도 이런 말을 남겼다. "인간은 사회적 동물이며, 혼자 사는 것은 형벌이다."

여러 연구에 따르면, 독방에서 과도한 시간을 보내는 수감자들은 시각 및 청각 환상, 과민증, 망상증, 제어할 수 없는 분노, 두려움, 시간과 인식의 왜곡, 외상 후 스트레스 장애 등 쇠약 증상을 유발하는 유해한 심리 효과를 경험한다. 유엔 고문 방지 협약에서는 독방 감금을 고문으로 규정, 규탄하고 있다.

우리는 너무 오래 혼자 있는 것을 좋아하지 않는다. 우리는 다른 사람들과 연결될 필요가 있으며, 그렇지 않으면 현실감을 잃어버릴 수 있다. 프랭클린이 말했듯이, 우리는 사회적 동물이며 이로 인해 대부분의 사람이 해묵은 딜레마를 지니고 있다. 어떻게 하면 자신의 중심을 지키면서 사회 구조의 구성원으로 존재할 수 있을까 하는 것이다.

우리는 사회의 일부가 되기 위해 특정한 행동과 관행을 따라야 한다. 예의를 지키고, 다른 사람을 해치지 않으며, 교통

법규를 따르고, 표준적인 관행에 맞추며, 정기적으로 목욕이나 샤워를 하고, 사회적으로 용인되는 방식으로 옷을 입어야 한다.

그러면서도 우리는 개인주의를 표현하고 싶어 한다. 개인주의는 인간의 본성에 존재하는 건강한 본능이다. 순응에 반발하고, 시류를 거스르며, 독립적으로 자유롭게 존재하고 싶어 하며, 자신이 결정하고자 하는 본능이다.

대부분의 사람은 순응과 개인주의 사이의 올바른 균형을 찾는 데서 어려움을 겪는다. 게다가 정체성 문제를 추가하면 사회적 실존의 위기로 치닫기도 한다. '나는 누구인가'가 '나는 사회 내에서 누구인가?'로 이어지는 것이다. 그럴 경우 많은 사람은 지위로 자신을 규정하려 든다. 자아 개념이 사회 계층, 경제적 지위, 직위, 공동체 내에서의 평판과 묶여 있다. 그러나 이런 식으로 사회 구조에서의 위치로 자신을 규정하면 언제나 불안할 수밖에 없다. 이것이 유명한 '존스네 따라 하기(남들에게 뒤지지 않게)' 사고방식이다. 자신이 속한 사회 계층의 누군가가 성능 좋은 세탁기를 사면 자기도 하나 사야 한다. 그들이 보트를 사면 자기도 사야 한다. 그들이 50인치 텔레비전을 사면 자기도 바로 쇼핑에 나서야 한다. 그들이 최신형 아이폰을 갖고 있으면 자신의 핸드폰에 아무런 문제가 없어도 상점으로 들고 나가야 한다.

특히 '계층의 꼭대기'에 성공적으로 도달한 사람들이 유난히 자신의 위치와 자기 자신을 혼동하곤 한다. 그들은 쉽사리 권력과 관심에 도취된다. 대중의 찬사는 중독성이 있으며 현실감각을 왜곡시킬 수도 있다. 이 때문에 사람들은 매우 잘못된 판단을 하게 되기도 하는데, 그 결과는 대개 대중적 조롱으로 끝난다. 시간이 흐르면서 더러 사회적 지위를 잃기도 한다. 흔히 '실추'라고 하는 것이다. 대중 앞에 서는 사람들에게는 이 변화가 받아들이기 힘들 수 있다. 로버트 프로스트는 시 〈대비하라〉에 이렇게 썼다.

> 빛나던 주인공 시절의 기억이
> 말년의 멸시를 보상해 주거나
> 마지막 순간의 고난을 면하게 해 주지 않으리니.

정체성 문제는 사회경제적 등급의 반대편에서도 똑같이 만연해 있다. 다만 여기서는 정체성이 억압, 침해, 유린의 경험에 관한 이미지를 떠안고 있다. 이것이 거리 문화나 게토^{ghetto}(원래는 유대인 강제 거주 지역을 의미했으나, 빈민가나 슬럼 등으로 의미가 확대되었다─옮긴이) 문화로 나타나기도 하는데, 그 문화가 예술로 통하는 채널이 되면 아주 창조적인 일이 생길 수 있다. 실제로 음악, 댄스, 심지어 시각예술의 새로운 형태는 대학보다는 도심 빈민가에서 더 많이 생겨난다. 그러나 예술적 생산 활동을 보여 줄 때조차 이곳의 정체성 문제는 종종 부적응과 불안을 보상하기 위해 고안된 명예 훈장의 역할을 하게 된다.

소외 집단은 종종 거부당한 일에서 거꾸로 자부심을 찾는 보상 전략을 세운다. 블랙파워Black power(흑인의 인권 및 정치력 신장을 꾀하는 운동−옮긴이), 페미니즘, 게이 프라이드gay pride(동성애자의 자존심 회복 운동−옮긴이) 그리고 그 외 다양한 운동들은 모두 자신들의 집단에 대한 억압과 예속에 대한 반발로부터 시작되었다. 이들 집단은 자신들만의 하위문화를 형성하고, 비판의 대상이 곧 자부심이라는 점을 확인함으로써 사회적 거부에 대항한다.

이 방법은 사람들로 하여금 분열의 심층 문제를 다시 생각하게 함으로써 긍정적 사회 변화를 이끌어 내는 역할을 할 수 있다. 그러나 점차 자부심의 이 새로운 버전이 사회적 규범 속으로 녹아 들어가게 되면, 어느 순간부터는 고유의 목적을 견지할 수 없게 된다. 사회운동의 많은 부분이 시간이 지나면서 흐려지는 것은 이 때문이다. 목표로 삼았던 것들이 모두 이루어져서가 아니라, 그 집단이 더는 소외의 대상이 아니게 되기 때문이다. 종종 집단 속에서 자신을 상실해 버리는 사람들이 있다. 그들의 정체성이 개인인 자기 자신이 아니라 집단에서 형성되었기 때문이다. 그들은 자신이 지옥의 천사들Hell's An-gels(폭주족의 명칭−옮긴이), 게이 프라이드 데이 또는 블랙 라이브스 매터Black Lives Matter('흑인의 생명도 소중하다'라는 의미의 흑인 민권 운동−옮긴이)라고 생각할 뿐 샘, 주디, 레온, 타일러는 중요하지 않다고 여긴다. 그들은 자신을 집단과 떼어서 생각하지 못하고 개인으로서의 본성을 상실하고 만다.

혼자와 함께

다음 문장은 얼핏 모순되어 보일 수 있다. '개인의 자유는 다른 이들과 분리되어 있으면서 동시에 다른 이들과 함께할 때 가능하다.' 다소 이해하기 어려울 수 있는 생각이기는 하지만 일단 이 말의 원리를 이해하고 나면 모순은 사라지고 인간의 상호작용을 새롭게 경험할 수 있게 될 것이다.

사람들은 너무 자주 다른 이들과 함께 있을 때 자기 자신을 상실하곤 한다. 그럴 때는 자아에 대한 감각이 사라져 버리는 것 같다. 사람들 속에서 긴 하루를 보내고 나면 흔히들 "진이 다 빠졌어"라고 말하곤 하는데, 그런 사람들은 배터리를 재충전하기 위해 혼자 있는 시간이 필요하다. 만약 이런 경험이 자신에게 익숙하다고 하면 이 책에서도 이 부분을 특별히 잘 읽어 봐야 할 것이다.

이 원리를 받아들여 발전시키기 위한 첫 번째 단계는 혼자 있는 법을 배우는 것이다. 이는 듣기에는 간단하지만 생각처럼 쉽지는 않다. 대부분의 사람은 혼자 있는 것을 힘들어한다. 실제로는 다른 사람들과 어울리지 않을 때조차 정말 혼자 있는 게 아닐 때도 많다. TV를 본다든가 음악을 듣는다든가, 독서, 게임, 문자 보내기, 웹 서핑, 요리 등 마음을 다른 오락거리들로 채우기 때문이다.

우리 저자들은 사람들이 왜 이런 행동을 하게 되는지 오랫동안 분석한 끝에 그 주된 이유를 알아냈다. 지금부터 그것을 탐구해 보자. 로버트 프리츠 워크숍에 참가한 사람들에게 다른 사람과 마주 보고 앉으라고 시킨 적이 있다. 지시는 매우 명확하고 단순했다.

맞은편에 앉은 사람과 함께 말없이 있어 주세요.

이 연습이 이루어진 시간은 고작 2분이었다. 그러나 그 짧은 시간 동안 낯선 행동이 많이 등장했다. 어떤 이들은 '안녕하세요. 이건 좀 바보 같네요, 그렇죠?'라고 말하는 듯한 표정으로 미소를 지어 보였고, 또 어떤 이들은 상대를 뚫어져라 쳐다보라는 지시를 받은 것처럼(그러라고는 하지 않았다) 상대를 의도적으로 응시했다. 개중에는 눈 맞춤을 피해 고개를 숙인 사람들도 있었고, 손으로 신호를 보내려 하는 사람들도 있었다. 잔뜩 긴장한 것처럼 보이거나 덜 긴장한 것처럼 보이는 사람들도 있었다.

2분이 지난 후 상황을 파악해 보았다. 응답한 참가자들 대부분이 아주 불편한 기분을 느꼈다고 했다. 이 말은 미소와 손짓, 응시, 시선 회피 등이 모두 자신들이 느끼는 기분을 모면해 보려는 다양한 전략의 표현이라는 의미였다. 이 연습의 목적은 불편하게 만들려는 것이 아니었다. 이 사람들의 내면에서 정말로 무슨 일이 일어나고 있는지 드러내 보이기 위해 고안된 실험이었다.

무슨 일이 진행됐는지 추적하기 위한 일련의 질문이 참여자들에게 주어졌다. 속으로 어떤 짐작을 하고 있었는지, 당시 느낀 불편함과 걱정, 스트레스의 원인이 무엇이었는지 등의 질문이었다. 그 결과 밝혀진 것은 그들 모두 '상대에게 숨겨야 할 무언가'가 있다고 생각했다는 것이다. 또한 숨겨야 할 대상은 결국 '자기 자신'이라는 결론이 나왔다. 문답은 주로 이런 식이었다.

왜 미소를 지으셨나요?

상대방이 편하게 느끼도록 하려고요.

그녀가 불편할 거라고 생각한 이유는 무엇인가요?

서로 아무 말도 하지 않고 있었으니까요.

그렇군요. 하지만 말을 하지 않는 것이 상대를 불편하게 할 거라고 생각한 이유가 있나요?

모르겠어요. 내가 불편하니 상대도 그럴 거라고 생각했겠죠.

왜요?

나를 드러내 보이는 기분을 느끼고 싶지 않았으니까요.

그녀에게 보이고 싶지 않은 게 무엇이었죠?

나요, 나인 것… 같아요.

그녀에게 보이고 싶지 않았다는 건 당신에게 무슨 문제가 있다
  는 건가요?

아니요.

그럼 왜 숨기려 하는 걸까요?

글쎄요, 어쩌면 숨기고 싶은 게 있을 수도 있겠죠.

그녀가 당신을 있는 그대로 봤다고 하면 그건 당신에게 좋은 소
  식인가요, 나쁜 소식인가요?

나쁜 소식이죠.

나쁜 소식으로 느껴진다고요? 얼마나요?

아주 많이요.

무엇 때문에 그럴 것 같은지 생각나는 게 있으세요?

나한테 문제가 있거든요.

그게 뭐죠?

정확히 뭐라고 할 수는 없지만 좋지 않은 게 있어요.

그걸 그녀에게 보이고 싶지 않다는 거죠?

네.

그러니까 당신이 미소를 지은 건 상대를 편하게 해 주기 위해서
  라기보다 그녀가 당신이 생각하는 자신의 모습을 알아채지
  않았는지 확인하려는 거였네요?

네.

수업을 진행해 나가면서 추가적인 탐구가 이루어졌다. 그건 '모든 사람이 단지 다른 이와 함께 있는 것만으로도 힘들어하며, 자신이 그렇다는 사실을 깨닫게 되었다'는 것이었다. 그뿐 아니라 생활 속의 주변 사람들에 대해서도 똑같은 반응을 하게 된다는 것 그리고 불편의 원인이 항상 자기가 자신에 관해 느끼는 것으로 귀결된다는 것도 알게 되었다. 다른 사람들(혹은 자기 자신)이 알게 되기를 원치 않았던 자신에 관한 무언가, 즉 '나쁜 소식'이라고 여겨지는 그것 때문이었다.

이 과정의 다음 단계는 각자 회피하고 있던 것을 마주 보게 하는 것이었다. 눈을 감고 수행하는 일련의 연습을 통해 그들은 보기를 꺼렸던 자신들의 일부와 접촉하게 되었다. 어떤 이들은 그것이 자신의 어둡고 부정적이며 파괴적인 측면이라고 생각했고, 다른 사람들은 잔인하고 주변에 악영향을 끼치며 해로운 성격상의 결함이라고 생각했다. 이것이 그들이 알고 싶지 않아서 회피하려 애썼던 나쁜 소식이었다.

이 사람들에게 유독 인간 본성의 어두운 측면과 관련된 부분이 있었던 것일까? 대답은 '그렇다'이다. 사실은 우리 모두 그렇다. 이 말에 놀랄 사람도 적지 않을 것이다. 그만큼 익숙하지 않은 개념이라고 할 수 있는데, 그건 우리가 자신의 '어두운 측면'이라고 할 만한 것에 적잖이 무지하기 때문이다. 그렇게 된 데는 어느 정도 사회적 관습이 영향을 끼쳤다. 서구 문화에는 어린아이들이 순진무구한 어린이로 양육되어야 한다고 믿는 관습이 있다. 더 오래된 전통으로 거슬러 올라가면 유년기에서 성년기로의 이행을 어두운 측면의 가능성을 일부 받아들이는 방식으로 다루기도 했다. 하지만 그럴 때도 이런 경향이 파괴적 행동으로 표현되는 것이 아니라, 어른이 되면 더 높은 가치에 따라 행동할 수 있는 선택권이 있다는 것을 보여 주기 위해서였다.

저술가, 기업가, 예술가이자 소프트웨어 회사 실크타이드의 설립자 올리버 엠버턴은 이렇게 말했다.

> 그렇다. 사실 인간에게는 일종의 어두운 측면이 필요하다. 인류학자들은 모든 인간에게 공통으로 나타나는 다양한 특질을 밝혀냈는데, 이것들은 '지금껏 우리가 접한 모든 단일 문화'에서 예외 없이 드러나고 있다.

로버트 블라이의 책 『무쇠 한스 이야기』는 이 전통을 야성적이며 강철 피부로 뒤덮인 남자가 왕자를 어른이 될 수 있게 멘토링하는 내용의 그림 형제 이야기를 이용해 다루고 있다. 물론 다른 문화에도 유사한 전통이 있다. 젊은 사람이 혼자 정글에서 시간을 보내며 그곳에서 어떤 고난을 겪든 생존해 돌아오는 성년 의식을 치르는 것이다. 이들이 공통적으로 수행해야 하는 과제는 그 자신과 마주하는 것이다.

아이러니하게도 블라이의 책은 남성 운동을 낳았다. 사실 이 책이 꼭 남성 운동의 씨앗이 되란 법은 없었다. 여성 운동이나 다른 어떤 운동과도 연결될 여지는 있었다. 아이언 존과 왕자의 원칙이 아이언 제인과 공주에게는 적용하지 못할 만큼 성별이 정해진 것은 아무것도 없었다. 그러나 결과적으로 이 책은 자신들의 젠더 정체성을 강화하고 싶어 하는 많은 남성의 흥미를 끌어 또 다른 정체성 운동의 촉매가 되었다. 도시에 거주하는 남자들이, 마치 자신들이 고대의 미국 원주민이라도 되는 것처럼 원주민 한증막에 앉아 힘들게 땀을 흘리고 나서 자신들을 더 나은 남자로 규정할 수 있지 않을까 하고 바라게 된 것이다. 이런 일련의 남성 운동은 남자들이 받아들일 만한 인위적인 이상형을 만들어 냈으나, 이상이 모두 그렇듯이 결말은 실패였다.

사실은 서구 문화에도 버몬트 같은 교외 지역에는 원주민의 것과 비슷해 보이는 사냥철 전통이 있다. 그러나 이 전통은 남성 운동의 인위적인 매너리즘과는 광년의 거리가 있다. 그건 아버지들이 (때로는 어머니들이) 사냥철에 자녀들을 사냥용 오두막에 데려가는 것인데, 거기서 아이들은 자연에 대해 배우고, 겨울이 되기 전에 사슴의 개체 수를 줄이는 이유(그렇게 해야 과밀로 인해 굶어 죽지 않는다)에 대해 배우고, 숲에 대한 존중, 캠핑, 땅을 돌보는 일, 안전에 대한 책임을 배운다. 아이들은 대부분 이때의 경험을 잊지 않고 살아간다. 이것이 미국 문화에서 성년이 되기 위한 통과의례에 가장 가까운 것이라고 할 수 있다. 아주 긍정적이고 훌륭한 전통이다.

그러나 전체적으로 서구 문화에 공식적인 통과의례는 없다. 우리는 스스로 그런 일들에 대해 천진하게 생각하도록 길러졌다. 사실상 통과의례의 역할에 가장 가까운 것은 호러 영화나 공상과학 영화를 보는 일이다. 오리지널 〈스타워즈〉에서 루크 스카이워커는 자신의 적인 다스 베이더를 극복하는 법을 배워야 한다. 영화 〈울프맨〉에서는 보름이 되면 몸을 지배하는 자기 내부의 늑대와 싸워야 하며, 〈투명인간〉에서는 어느 과학자가 몸의 굴절률을 공기 입자로 치환하는 방법을 발명해 투명인간이 되지만, 그때부터 불안정하고 파괴적으로 변한다.

수 세기에 걸쳐 이런 유형의 이야기들은 끊임없이 반복 생산되어 왔다. 그것들 모두 안전한 거리에서 우리 자신을 들여다볼 기회를 제공하고 그 관점에서 우리 자신의 어두운 부분을 깨닫게 하는 역할을 한다. 그리고 대부분은 경고의 이야기로 이루어져 있다. "조심해! 보름달이야." "뱀파이어와 어울리면 안 돼." "자연의 질서를 훼손하지 마, 프랑켄슈타인 같은 괴물을 만들고 싶지 않다면." 개중에는 상상 속의 괴물로 위장된 인간 본성을 들여다보는 종류도 있다. 이런 이야기 중 가장 고전적인 것으로 『지킬 박사와 하이드 씨의 기이한 이야기』가 있다. 로버트 루이스 스티븐슨이 1886년에 처음 출간한 소설이다. 지킬 박사는 좋은 의사였는데 우연히 자신을 괴물인 하이드 씨로 변화시키는 화합물을 발명한다. 다들 알겠지만 '하이드'는 숨는다는 의미 아닌가?

워크숍 참가자들의 반응이 어디에서 비롯됐는지 추적한 결과는, 앞에서 말한 것처럼 사람들 거의 모두 자신들에 대해 완전히 신뢰할 수 없다는 생각을 하고 있는 것으로 나타났다. 더구나 그들은 자신의 내부에 붙박여 있을 것이라고 상상했던 괴물의 유형을 상대가 간파할 것으로 생각했다. 자신이 착하고 매너가 훌륭한 사람임에도 말이다.

그러니 그들이 자신과 혼자 있을 수 없는 것은 놀랄 일이 아니었다. 자신의 본성 중 용인되지 못할 어두운 측면이 자신들을 집어삼킬 수 있다고 생각하는 것이었다. 앞에서 말했듯이 서구의 많은 문화에는 젊은이들을 성인으로 성장하게 하는 통과의례 같은 것이 없다. 서구 문화는 인간 본성의 어두운 측면을 다스리는 데 어려움을 겪었으며, 그런 게 존재하지 않는 척하는 것으로 해결해 왔다. 인간은 누구나 가장 지독한 행동 또는 가장 파괴적인 행위를 할 수 있는 존재임에도 아주 사악한 사람들만이 그런 일을 저지른다는 식으로 세뇌해 왔다. 진실은 우리 모두, 너 나 없이 특정한 상황에 처하면 파괴적으로 변할 수 있다는 것이다. 물론 여기서 '그렇게 할 수 있다'는 것이 '그런 성향이 있다'는 것과 다르다는 사실을 이해하는 것이 중요하다. 우리가 운전하다 차를 들이받을 가능성이 있다고 해서 그런 '성향'이 있다고 할 수는 없다. 사람들의 진정한 기질을 보여 주는 통찰이 바로 이 부분이다. 우리는 파괴적인 모습을 보일 수 있는 존재지만 기본적으로 선하고 생산적인 삶을 살고 싶어 한다는 것.

어두운 측면이라는 것을 좀 더 자세히 살펴보자. 이것은 악일까? 물론 인간은 악행을 저지를 가능성이 차고 넘치지만, 파괴적인 행위를 저지르는 사람들이 그러는 것은 단순히 어두운 측면과 맞닥뜨려서일까, 혹은 어두운 면을 맞닥뜨리지 않아서일까? 역사적으로 보면 최악의 잔혹 행위를 저지른 사람들은 대개 선善이나 더 높은 가치의 명분에 몸을 던진 이들이었다. 그리고 그때마다 너무 자주 신의 이름이 거론되곤 했다. 그들은 어두운 측면을 인식하지 못했으며 인간에게 그런 측면이 있다는 사실조차 받아들이지 않았다.

현실에서는 이른바 어두운 측면이라는 것이 실제로는 '힘'을 의미한다. 어둡거나 밝은 것이 아니라 우리 내부에 붙박인 힘이다. 이 힘은 좋게도, 나쁘게도 쓰일 수 있다. 철학적으로 중립적이라는 것이다. 마치 엔진과 같다. 대부분의 사람은 자신이 상상한 것보다 훨씬 더 강력하지만, 그 대부분은 자신의 힘을 신뢰하지 않으며 이 때문에 자신을 무력화시킨다. 자신의 힘을 악인화해 버리는 것이다. 그러면서 그 힘을 울프맨이니, 다스 베이더니, 프랑켄슈타인이니 하는 존재로 치부해 버린다.

다른 관점에서 어두운 측면을 개인의 힘이 아니라 전기라고 가정해 보자. 18세기에 처음으로 전기가 과학적으로 탐구되었을 때 일부 사람들이 그랬던 것처럼 우리 역시 전기를 사악한 것으로 여길 수도 있을 것이다. 이야기의 나중 버전에서 프랑켄슈타인 괴물이 전기로 생명을 얻은 것(메리 셸리가 쓴 원본에서는 화학과 연금술이었다)처럼 말이다. 그러나 우리 시대에 전기는 선하지도 악하지도 않은 에너지의 원천으로만 이해된다. 물론 번개의 파괴력에서 보듯이 해를 끼칠 수도 있고, 집을 밝히는 것에서 컴퓨터를 작동시키는 것에 이르기까지 여러모로 대단히 유용할 수도 있다. 전기 자체는 자기 생각이나 정책 설계, 열망이나 가치, 희망, 꿈, 의도, 개인적 욕망과 아무런 상관없는 에너지의 원천일 뿐이다. 개인의 힘도 이와 똑같다. 우리의 개인적인 힘은 에너지의 원천이며, 그것을 어떻게 이용하는가는 각자의 몫이다.

우리가 진정으로 원하는 것은 무엇이며, 우리가 지닌 가장 깊은 가치는 무엇일까? 우리가 자신의 힘을 신뢰하지 않아서 전원을 끄듯 스스로 힘을 차단해 버리는 것은 무엇 때문일까? 정말 사악했다면 오히려 힘을 남용하고 그 파괴성에 신경도 쓰지 않았을 것 아닌가? 결국 이 전원 차단은 우리의 진정한 심성을 보여 준다. 그것은 다름 아니라 혹시 모를 자신의 어두운 측면이 다른 사람을 해칠까 봐 보호하려는 것이다. 이것이 우리가 지닌 진정한 가치다. 선하고, 이타적이며, 남을 보호하고 싶어 하고, 점잖다.

그러나 이 전략에는 대가가 따른다. 자신의 힘을 스스로 차단해 버리면 원하는 인생을 창조할 수 있는 능력이 줄어든다. 상황에 반동 또는 순응하는 패턴에 빠져서 생산적이며 창조적인 위치로 옮겨 갈 수 없게 된다. 진정으로 혼자 오롯이 있을 수 없게 되며, 다른 사람들과도 어울릴 수 없게 된다. 유대 관계에서 한 가지가 빠지게 되기 때문이다. 바로 자기 자신이다.

혼자 있을 수 있으려면 어두운 측면을 단순히 생각의 차원이 아니라 경험으로 받아들여야 한다. 처음에는 바보 같거나 무서울 수 있고 또는 그냥 이상하게 느껴질 수도 있다. 자기 자신의 모든 부분을 받아들이는 것은 진정으로 성장하고 완전한 성숙에 이르러 자기 자신에게로 귀환하는, 심오하고도 인생을 바꾸는 사건이다.

이 원리를 가장 잘 보여 주는 이야기 중 하나가 신약성서의 '돌아온 탕아' 이야기다. 이야기에는 세 인물이 등장한다. 아버지와 착한 아들 그리고 탕아. 각 인물은 우리 자신의 부분을 상징한다. 아버지는 우리 삶의 근본이며, 착한 아들은 이 근본에 충실한 우리 자신의 부분 그리고 탕아는 타락한 우리 자신의 부분이다. 이야기에서 착한 아들은 집에 머물며 아버지를 돕는 반면, 탕아는 돈을 들고 집을 나가서 유흥에 빠져 지낸다. 그는 돈을 마구 써 댔으며, 그 결과 영락해 무리에서 쫓겨났고,

그러다가 집 생각이 나서 귀향을 결심한다. 이제 그에게는 아무런 기대도, 요구도, 자존심도 남아 있지 않다. 오로지 집으로 가고 싶다는 마음만 가득하다. 아버지는 아들이 돌아온다는 소식을 듣고 기뻐서 잔치를 벌일 계획을 세운다. '착한' 아들은 기분이 나빠져서 아버지에게 불평을 늘어놓는다. 결국 집에 머물면서 들일을 하고, 아버지가 시킨 일을 처리하고, 아버지의 바람에 충실한 아들은 자신이 아니었던가. 아버지는 아들에게 일이 어떻게 된 것인지 설명해 주려고 애쓴다. "난 그 애가 죽은 줄 알았어. 그런데 살아 있잖니. 정말이지 죽은 줄 알았단다…."

죽었다고 생각했던 아들이 살아 있다는 것을 알게 됐을 때 아버지가 어떤 심정이었을지 상상해 보자. 아버지의 마음을 헤아릴 줄 모르는 착한 아들은 집을 나갔던 탕아가 다시 집으로 돌아온 것에 아버지가 얼마나 기뻤을지 이해하지 못했다.

우리에게는 근본에 충실하고, 옳은 일만 하며, 선한 노력을 계속하는 부분이 있다. 그리고 방탕하며, 곤란한 지경을 자초하고, 근본에 어긋나는 부분도 있다. 이 나중 부분이 아무런 기대도 요구도 없이 집으로 돌아오고 싶어 하는 부분이며, 얄궂게도 화해를 거부하는 쪽이 착한 아들 또는 착한 딸 부분이다. 이것은 고결한 척, 경건한 척하는 인간 본성의 독선적인 측면이다. 우리의 이 부분은 실수를 봐주지 않으며, 실패와 어리석음을 용납하지 않고, 지나간 잘못을 용서하려 하지 않는다. 우리 자신을 스스로, 충분히, 완전히 집으로 돌아올 수 있게 하기 위해서는 탕아보다 착한 아들에게 더 구원이 절실하다.

오히려 어두운 측면은, 이것이 개인적인 힘이라는 사실만 잘 이해되면 예술에서 유용성을 발휘해 온 오랜 전통이 있다. 예술에서는 내면의 어두운 측면과 건강한 유대를 맺지 않으면 가장 필수적인 '정서적 진실'에 도달하기가 어렵기 때문이다. 이것이 예술적 발전을 위해 예술가들이 자신의 숨겨진 부분으로 파고들 수밖에 없는 이유다. 아래는 예술가들이 이 부분에 관해 말한 것들이다.

> 우리가 자신에게 완전히 솔직하면 모든 이의 성격에 어두운 측면이 있다는 걸 알게 될 것이다.
>
> _ 이사벨라 로셀리니

> 나는 건강하게 사는 방법이 자기 안의 야수와 친구가 되는 것이라고 생각한다. 야수가 아니라 오히려 그림자로 여기는 것이다. 본성에 깃든 어두운 측면, 그것과 더불어 즐기면서 우리 자신에 대한 모든 것을 받아들이는 것이다.
>
> _ 앤서니 홉킨스

> 우리 모두에게는 감추고 있는 약간의 어두운 측면이 있다고 생각한다.
> _ 프레드 세비지

우리 모두 어두운 측면을 지니고 있다. 우리 대부분은 자신의 이런 면, 내가 '그림자 자아'라고 부르는 부분과의 직접적인 대면을 회피하며 살아간다. 그림자 자아 안에 엄청난 에너지가 깃들어 있기 때문이다. _ 로레인 투세인트

우리 모두 본연의 어두운 측면을 들여다볼 필요가 있다. 거기에 에너지와 열정이 깃들어 있으므로. 사람들이 이렇게 하기를 두려워하는 것은 부정하기에 바빴던 우리의 일부가 거기 들어 있어서다. _ 수 그래프턴

우리가 지닌 어두운 측면을 부정할수록 그것이 우리를 지배하는 힘은 더 커진다. _ 셰릴 리

여성의 관점은 달의 어두운 측면과 같다. 언제나 존재하지만 결코 노출되지 않는다. 적어도 내가 속한 문화에서는 그렇다. _ 리안

'혼자'와 '함께'

다시 워크숍으로 돌아가자. 참가자들은 자신의 어두운 측면, 그림자, 돌아온 탕아를 받아들이는 일련의 경험을 하도록 인

도되었다. 그들은 자신의 모든 측면을 통합할 기회를 얻었고, 어두운 측면들이 스스로 집으로 돌아왔다. 이제 참가자들은 홀로 자신과 마주하라는 요청을 받아도 아무런 주저 없이 그렇게 할 수 있게 되었다. 그들 중 많은 수가 머릿속의 잡음이 일시에 사라졌다고 보고했다. 마치 계속해서 켜져 있었는데 그런 줄도 몰랐던 라디오가 갑자기 꺼진 것 같았다고 했다. 그러면서 공간감, 자유, 내적 평화가 느껴졌다고 했다. 그들은 개인적인 해소의 특정 형태에 도달해 온전함을 느꼈으며 자신들의 모든 부분을 포용할 수 있게 되었다. 그들 대부분이 살면서 그렇게 내적 평화와 자유로움을 느낀 것은 처음이었다.

이제 그들은 앞서 마주했던 파트너와 다시 마주 보고 앉았다. 그들은 홀로 있으면서 동시에 상대방과 함께 있으라는 지시를 받았다. 이번에는 이상한 행동들이 발견되지 않았다. 2분 후의 탐구 결과는 처음에 두 사람씩 함께 앉아 있었을 때와는 전적으로 달랐다. 모두 편안해했다. 그들 모두 자기 자신에 대한 감각, 상대방과의 유대감을 함께 느끼고 있었다. 시간에 대해서도 다르게 느꼈다. 순간을 느끼면서 동시에 무한함이 느껴졌다. 그들은 상대에게도 관심을 보였고, 집에 있는 것처럼 편안했다.

이것이 바로 혼자 있으면서 다른 사람들과 함께 있는 것, 즉 진정한 유대감이다. 우리의 두 측면이 한자리에 있기 때문이다. 이 능력은 워크숍이 끝나고도 오랫동안 유지되었다. 대부분의 참가자에게 이것은 새로운 지향성, 새로운 삶의 방식이 되었다.

이상/신념/현실 충돌에서처럼 사람들은 자신에게서 감췄던, 스스로를 상하게 하는 자신에 대한 달갑지 않은 신념을 고수하고 있다. 그러나 일단 이 개념들을 자유롭게 다룰 수 있게 되면 일종의 변환, 즉 근본 구조의 변화가 일어난다. 그러면 정체성이 더는 문제가 아니게 된다. 이제 사람들은 인생의 창조 과정의 대상인 자신들의 가장 높은 열망과 가장 깊은 가치에 집중할 수 있다.

사회 구조 내의 개인

우리는 사회 구조를 벗어나지 않고 그 속에서 온전한 개인으로서 오롯이 설 수 있다. 사실은 이것이 사회를 건설하는 최선의 방법이기도 하다. 벤저민 프랭클린이 말했듯이, 우리는 사회적 동물이다. 다른 사람과 어울려 공동의 목적을 향해 가며, 상호작용하고, 농담이나 가십을 나누고, 중요한 순간들을 공유해야 한다. 영화관에 가서 다른 사람들과 함께 영화를 보는 것은 같은 영화를 혼자서 집에서 보는 것과는 사뭇 다른 경험이다. 인생 최고의 순간 중 하나는 집단적인 창조 과정에 참여해서 다른 사람들과 팀이 되어 함께 무언가를 탄생시키는 것이다. 영화, 연극, 오케스트라, 지역 신문을 만드는 일, 또는 최적의 건강과 웰빙을 만드는 데 중점을 둔 사람들의 커뮤니티를 구축하고 우리의 마을, 주, 국가를 건설하는 일 등의 공동체 프로젝트를 진행하는 것이다.

요즘 같은 소셜 미디어 시대에 연결성이 확장되는데도 고립이 늘어나는 것은 놀라운 현상이다. 지금 10대들은 한 공간에 있으면서도 서로 대화하지 않는다. 바로 옆에 있는 친구에게도 문자를 보낸다. 기술은 양날의 검이다. 기술 때문에 연결이 한층 쉬워졌지만 거의 동시에 전자적 차벽이 우리를 갈라놓는다. 그러나 유대관계에 대한 인간의 필요는 사라지지 않는다. 사랑, 가족, 친구, 연결, 연대에 대한 추구는 인류 보편의 것이다. 많은 사람이 개인적 차원에서 영적인 추구를 할 수 있지만 다른 사람과 함께 수행하는 것은 완전히 다른 경험이다.

정체성 문제만 벗어 버리면 다른 사람들과 함께할 수 있는, 그리고 우리 자신과 함께할 수 있는 관계의 새로운 세상이 열린다. 사회 구조 내에서 우리는 얼마든지 혼자 있으면서 함께할 수 있다. 그리고 이로써 모든 것이 더 좋아질 것이다.

이 장에서 얻어야 할 것

- 사람은 사회적 동물이며 다른 사람들과 연결될 수 있어야 한다.

- 극도의 고립은 해로운 심리적 영향을 유발한다.

- 다른 사람들과 어울릴 필요가 있기는 하지만 쉽지 않다고 느낄 때가 종종 있다.

- 다른 이들과 함께하려면 같이 있으면서도 혼자 있을 수 있어야 한다.

- 많은 사람이 혼자 있는 것을 힘들어하는 이유는 자신의 '어두운 측면' 과 유대관계를 형성하지 못했기 때문이다.

- 다른 여러 문화에서는 젊은이들이 자신의 어두운 측면을 알아 가고 이 부분을 삶 속으로 통합하는 기회를 얻는 통과의례를 치른다.

- 서구 사회에서는 인간성의 어두운 측면이 존재하지 않는 것으로 치부한다. 이로 인해 사람들은 자신을 완전히 신뢰하지 못하게 된다.

- 사람들이 자신을 신뢰하지 않는 것은 자신의 창조력을 스스로 단절시키는 결과로 이어진다.

- 자신의 어두운 측면을 받아들일 때 자신과 혼자 있을 수 있다.

- 일단 혼자 있게 되면 비로소 다른 사람들과도 함께할 수 있다.

- 자신의 각 부분을 통합함으로써 우리는 우리 자신에게로 귀환할 수 있다. 이 시점이 되면 정체성은 더는 문제가 아니게 된다.

17장

가르침과
배움

정체성 문제는 사람이 둘 이상이면 더 복잡해진다. 더욱이 코칭, 상담, 심리 치료, 교육은 유대관계의 양쪽에서 결과를 조정할 수 있어야 하는 특별한 분야다. 예를 들어 무술의 경우 스승이나 제자 어느 쪽도 수업이 잘 진행되는지에 관계되는 정체성을 가져서는 안 된다. 제자는 '내가 얼마나 잘하는지 보라지' 또는 '너무 못하고 있잖아' 같은 생각을 해서는 안 된다. 스승도 마찬가지로 '내가 얼마나 잘 가르치는지 봐'라든가 '나 정말 형편없는 스승이야' 같은 생각을 하면 안 된다. 양쪽 다 초점을 즉각적인 기술이나 바로 쓸 수 있는 접근 방법으로 옮겨야 한다. 무술에는 방종이나 자기 집중이 끼어들 자리가 없다.

모든 가능성

다음 표는 상담사-고객, 교사-학생 또는 심리 치료사-환자의 유대관계에서 두 사람에 관한 모든 가능성이다.

코치 :	정체성	결과	결과	정체성
고객 :	정체성	정체성	결과	결과

최악의 경우는 지도 코치와 고객 양쪽 모두 자신들에 대해 코칭하는 것이다. 반대로 세상 최고의 경우는 두 사람 모두 자신들이 이루고 싶어 하는 결과에 집중하는 것이다. 결과에 집중하면 욕망하는 결과, 다른 말로 상호 '구조적 긴장'의 관계에서 현재 상태를 코치가 짚어 주기가 한결 수월해진다.

사실 예술과 스포츠의 오랜 전통에서 욕망하는 결과와 현재의 현실에 이런 식으로 집중하는 것은 학생이나 운동선수가 자신의 한계를 훌쩍 뛰어넘고 스승의 전문 기술에서 혜택을 얻을 수 있는 유일한 방법이다. 험프리 버턴Humphrey Burton(영국 클래식 음악 프로그램 진행자이자 제작자—옮긴이)이 지휘자 레너드 번스타인에 대해 쓴 뛰어난 전기에 이런 대목이 있다.

번스타인은 루카스 포스와 함께 두 사람의 피아노 교사였던 이사벨 벵게로바에 대해 추억했고, 쿠세비츠키가 어떤 식으로 장단 사이의 여백을 지휘하는지 가르쳐 준 것을 몸소 시범으로 보여 주었다. 마이클 틸슨 토머스는 번스타인과 함께한 개인 교습 시간에 슈만의 〈라인〉 교향곡에서 큰 주제의 에너지에 맞춰 운율을 구성했다고 묘사한 바 있다. 그는 이런 코

번스타인은 이런 말도 했다. "가르치는 것과 배우는 것은 상반되는 것이 아니다. 그것들은 서로 얽혀 있다."

예술에서 교사-학생 관계는 전통적인 교육에서 볼 수 있는 그 어떤 것과도 다르다. 예술 수업은 혹독할 수 있다. 교사는 수업을 부드럽게 만드는 데 시간을 들이지 않는다. 리 스트라스버그Lee Strasberg(연극 연출가이자 영화배우–옮긴이)나 스텔라 애들러 같은 사람들에게서 훈련을 받은 배우들은 자만하지 않아야 한다는 것을 알았다. 그들은 현재의 수준에 대해 진정한 평가를 받았으며 미래를 위한 확고한 방향성을 얻었다. 비록 훈련이 온탕 목욕처럼 편안하지는 않았지만 그들은 배우로서 얻을 수 있는 최고의 교육이라 할 것을 경험할 수 있었다. 이 위대한 교사들이 지금까지 존재한 가장 최고의 배우들을 배출했다. 말런 브랜도, 로버트 드니로, 하비 카이텔, 앤서니 퀸, 워런 비티, 멜라니 그리피스, 칼 멀든, 시드니 폴락, 제인 폰다, 에바 마리 세인트, 스칼릿 조핸슨, 크리스 에번스, 매릴린 먼로, 몽고메리 클리프트, 앨릭 볼드윈, 우마 서먼, 바브라 스트라이샌드, 샐리 필드, 존 보이트 등등. 배우가 되는 데는 재능이 전부가 아니다. 전문적인 훈련을 받아야 배우가 지닌 재능이 강화된다. 배우를 가르치는 일에서는 학생도, 교사도 상대의 에고를 다독여 주느라 시간을 낭비할 수 없다. 스트라스버그는 이렇게 말했다. "배우가 내게 보내는 찬사는 그 사람의 작품 속에 있다."

스포츠 코치는 팀을 최고 수준에 도달할 수 있게 하는 특별한 위치에 있으면서 언제나 팀 전력의 현재 수준에 대해 진실을 이야기해 준다. 이것은 팀 전체가 욕망하는 결과의 비전을 견지하면서 현실이 어떤지를 정확히 보는 구조적 긴장의 또 다른 예다. 영감을 받아 고무되는 것만으로는 결코 발전할 수 없다. 오로지 영감에 의해서만 움직이면 영감을 받지 않은 날에는 어떻게 하겠는가? 올림픽 농구 코치 마이크 슈셉스키는 이런 말을 했다. "우리 팀에는 규칙이 하나 있다. 서로 이야기를 나눌 때 상대의 눈을 똑바로 바라보는 것이다. 그러면 누군가에게든 거짓말을 하기 어렵다고 생각한다. 상대를 존중하는 것이다."

예술과 스포츠에서 최고 수준의 성과를 거두기 위해서는 열망은 물론이고 현실에 대한 명확한 인식이 함께 요구된다. 이 수준을 달성하고자 하면 왜곡의 여지가 있을 수 없으며, 그 과정의 엄청나게 힘든 노력을 개인적으로 받아들일 여지도 없다. 엄격한 훈련에서는 관계의 양 당사자가 강렬한 좌절감에서부터 의기양양함의 최고조에 이르기까지 온갖 종류의 정서적 경험을 하게 된다. 전문가라면 선수(또는 음악가, 배우, 예술가 등)가 성장과 발달의 긴 기간 동안 강렬한 정서적 경험을 하게 되리라는 것을 알고 있다. 그러나 그건 날씨와도 같아서 때로는 비가 오고 때로는 맑을 수 있으며, 그렇다고 해서 행동하던 것을 중단하게 되지는 않는다.

역사상 가장 위대한 권투 선수 무하마드 알리는 링에 오르기 직전에 아주 명확한 전략을 구사하곤 했다. 다름 아니라 상대를 개인적으로 모욕하면서 조롱하는 것이었다. 그는 상대에게 못생겼다느니 멍청하다느니 굼뜨다느니 우둔하다느니 하는 욕을 퍼부었다. 상대가 정말 그렇다고 생각한 것은 아니었고, 다만 그렇게 해서 상대가 자기 자신 그리고 자신의 정체성에 신경을 쓰게 만들면 유리한 위치를 차지하게 될 거라고 여겼던 것이다. 그는 그게 정말 정체성에 관한 것이 아니라는 걸 알았다. 그저 싸움에서 이기는 방법이었을 뿐이다. 그는 반대로 자신은 아름답고 우아하며 "가장 위대하다"고, 상대는 반대로 자신과 함께 링 위에 설 자격도 없는 형편없는 사람이라고 호언장담하면서 상대를 구석으로 몰았다. 그의 전략은 상대를 정체성의 관점에서 생각하게 함으로써 프로답지 못하게 만드는 것이었다.

복잡성

당신이 다른 사람들을 돕는 일을 하고 있다면, 처음에는 도움의 대상자들이 종종 자신의 정체성에 초점을 맞추는 일이 있어서 일이 복잡하게 전개될 수 있다. 특히 코칭을 하는 분야가 체중 감량이나 삶의 방식을 바꾸는 일일 때는 더 그렇다. 코치로서 고객이 어떻게 행동해야 하는지 세세히 가르칠 수 있지만, 그들의 초점이 자신에게 맞춰져 있을 때는 효과가 제한적일 수밖에 없다. 그러므로 당신이 코칭을 하는 지도자라면 해야 할 일은 두 가지다. 하나는 실제 코칭 또는 트레이닝이며, 다른 하나는 그들이 스스로 방향을 조정할 수 있게 돕는 것이다. 이런 일이 요행으로 혹은 저절로 일어나는 법은 없으므로 지도자는 늘 상황에 주의를 기울여야 한다. 그들의 초점이 어디에 있고, 동기가 무엇인지 파악할 수 있어야 한다. 그들이 모든 것을 자기 자신에 관한 것으로 만들어 버리면 변화와 학습은 힘들어진다. 반면 그들이 욕망하는 최종 결과를 창조하는 것에 몰두하면 새로운 세상이 그들 앞에 열리며, 가장 중요한 '현실'을 있는 그대로 볼 수 있게 된다. 상호 구조적 긴장은 가능성의 새로운 세상을 열어 주며, 이것은 지도자와 고객 모두 초점을 자신들이 상호 욕망하는 결과 그리고 현재 존재하는 현실에 둘 때 가능하다. 그렇게만 되면 더할 나위가 없다.

이 장에서 얻어야 할 것

- 상담, 코칭, 교육 또는 남을 돕는 직업을 가진 사람들에게는 정체성 문제가 한층 복잡할 수 있다.

- 모두에게 최선은 정체성이 아니라 욕망하는 결과에 초점을 맞추는 것이다.

- 도움을 받는 사람이 처음에는 정체성에 초점을 맞추는 경우가 더러 있다.

- 지원 업무를 하는 사람이 할 일 중 하나는 고객이 욕망하는 결과에 다시 초점을 맞출 수 있게 돕는 것이다.

- 상호 구조적 긴장은 도움을 주는 직업에 종사하는 사람들에게 필수적인 핵심 요건이다.

18장

두개의
세계

두 가지 다른 형태의 세계가 있다. 한쪽 세계는 정체성 강박적 세계다. 다른 쪽 세계에서는 정체성이 전혀 문제가 되지 않아서 사람들이 자유롭게 가장 높은 열망을 추구하며 가장 깊은 가치에 따라 살아간다. 자신이 어떻게 보일지 또는 스스로에 대해 어떻게 느낄지는 개의치 않는다.

'정체성 세계'에서는 자신이 스스로를 어떻게 생각하는지, 어떤 집단에 속해 있는지, 얼마나 성공했는지, 다른 사람들이 자신을 어떻게 생각하는지가 중요하다. 이 세계에서는 누군가가 하는 모든 일이 그 사람을 되비춘다. 때로는 그게 너무 노골적이어서 쉬지 않고 '날 좀 봐^{look at me}' 쇼를 하는 사람 같다. 물론 개중에는 조금 은근한 사람들도 있다. 이들은 자신들이 하는 모든 것이 자기 지시적일 때조차 집착을 숨길 줄 안다.

두 번째 세계에서는 사람들이 정체성 위기를 겪지 않고도 필요한 것들을 배울 수 있다. 이 사람들은 자신의 열망을 성취해 나가는 과정에서 실수를 할 수 있다. 또한 자신이 한 실수를 인식하고 자유롭게 받아들인다. 다른 사람들을 볼 때는 결점을 포함해 모든 측면을 지닌, 있는 그대로의 개인으로 바라볼 줄 알며, 인간으로서 지니는 조건을 여러 차원에서 헤아릴 줄 안다.

두 개의 다른 세계는 서로 별개다. 그중 한 세계는 아주 자연스럽다. 이 세계는 자신을 둘러싼 경계가 어디인지를 알고 싶어 하는, 인생의 아주 초기에서부터 시작된다. 이 무렵 우리는 우리 자신을 별개의 존재, 즉 개인으로서 감지하기 시작한다. 이후 점차 소유권이 중요해진다. "저것들은 '내' 장난감이야!"라고 외칠 줄 아는 것이다. 좀 지나면 우리는 특정 집단과 어울리기 시작한다. 처음에는 가족, 그다음으로는 급우들, 또래, 친구들의 순서다. 이후로도 우리는 시민으로서, 공동체의 구성원으로서, 한 세대의 구성원으로서, 특정한 시대를 함께하는 구성원으로서 더 넓은 의미에서 생각하기 시작하며, 이 모든 것을 통해 우리 자신을 규정할 수 있는 올바른 방법을 찾는다. 즉, 정체성을 추구하는 것이다.

우리가 사는 사회 곳곳이 정체성을 강화하는 역할을 하며, 정체성에 의해 우리는 이런저런 카테고리로 분류된다. 계층, 인종, 종교, 지리, 정치, 음악적 기호, 음식 선택, TV 프로그램, 몰고 있는 자동차, 직업 등등. 세상은 우리에게 이 온갖 분류가 죄다 중요하다고 말한다. 카테고리가 지닌 본질적인 의미 때문이 아니라 그것들이 우리를 규정하는 방식 때문이다. 처음에는 개별 자아의 감각을 발전시키는 것이 나쁠 일 없고 좋다. 그러나 결국 정체성의 형태를 찾으려 애쓰고, 거기에 맞춰 사는 일은 부담으로 변질된다.

이와는 달리 우리가 성숙해 가는 또 다른 과정에서는 초점과 지향성, 근본적인 인생 구조의 변화가 이루어진다. 여기서 우리가 취할 수 있는 한 가지 행위는 우리 자신을 어떻게 규정할 것인가 하는 질문이 아니라 우리가 창조하고 싶어 하는 결과에 다시 초점을 맞추는 일이다. 이것은 자연스럽지는 않다. 그러나 모든 참된 훈련은 부자연스럽기 마련이다. 무엇보다도 우리의 초점을 우리 자신에게서 우리가 창조하고 싶은 결과로 옮기기 위한 특정한 인식이 요구되기 때문이다. 그리고 이 부분에서 근본적이며 중요한 차이가 생긴다.

누군가는 이것을 이렇게 표현했다. "이제는 용과 악마의 싸움 같은 것이 아니다. 당신이 다른 사람들에게나 당신 자신에게 어떻게 보일지에 과도하게 신경 쓰던 때를 되돌아보면 우스꽝스러울 지경이다. 이제는 유대관계를 맺을 때 장점과 단점 모두를 자연스럽고 편안하게 받아들일 수 있다. 상대방도 마찬가지다. 그러면 인생이 좀 더 재미있고 흥미진진하며 참여하고 싶어진다."

이 책의 단 한 가지 핵심 주제는 '자기 자신에게로 향하는 관심을 끊고 인생 구축 과정에 집중하라'는 것이다. 그렇게 하면 웰빙의 감각, 세상(그리고 우리의 인생)과의 관계 맺음이 극적

으로 진전된다. 이 일이 쉬우면 좋겠지만 그렇지는 않다. 왜 그
럴까? 그것은 이 일이 배움을 요구하지만 그보다 훨씬 더 '탈
학습', 즉 배운 것을 잊어버리는 일을 필요로 하기 때문이다.

학습과 탈학습

'새로운 것을 배우기 위해서는 무언가를 비워 내야 한다. 욕조
에 신선한 물을 채우려면 원래 있던 물을 흘려보내야 하는 것
과 같다.' 이 설명이 딱 들어맞는다고는 할 수 없다. 왜냐하면
우리 뇌에 이런저런 공간이 있다는 것을 전제로 거기에 더 채
워 넣으려면 오래된 파일들을 휴지통에 버려야 한다는 말처
럼 들리기 때문이다. 탈학습의 타당성, 즉 배운 것을 비워 내야
하는 이유에 관해서라면 이렇게 설명하는 것이 더 적절할 것
이다. '새로 얻은 생각과 그동안 지녀 온 생각이 충돌할 수 있
기 때문이다'. 대부분의 사람은 대체하는 것에는 익숙지 않고
새로운 생각과 기법을 추가하는 일은 잘한다.

　몇 년 전, 사람들이 모종의 자부심을 담아 "나는 평생 배우
는 사람이야"라고 말하는 것이 인기를 끌었다. 이 말은 유행어
가 되었고, 좋은 생각인 것도 사실이었다. 그러나 너무 자주 사
람들은 '평생 학습자'를 우표나 야구 카드, 조리법처럼 수집 대
상으로 생각했다. 그것이 문제였다. 사실은 이렇게 수집 대상

으로 여기면 기존 생각과 충돌할 일도 없다. 베이브 루스의 야구 카드를 갖는다고 해서 테드 윌리엄스의 야구 카드를 갖지 못할 이유는 없다.

그러나 이와는 달리 다윈의 진화론과 창조론에 '동시에' 동의하는 것은 불가능하다. 이 둘은 종의 기원에 대해 완전히 다른 이야기를 하기 때문이다. 이 중 어느 한쪽을 참이라고 생각하면 나머지 한쪽은 틀렸다고 생각해야 한다. 학습은 때로 옛 학습과 모순되며, 누군가가 진정한 '평생 학습자'라고 하면 기존의 배움을 잊어버리는 '탈학습'은 일상이 되어야 한다.

사람들은 대개 탈학습에 대해 언급하지 않는다. "나는 평생 탈학습자야"라는 말을 들어 본 적은 없는 것 같다. 그러나 이 것이야말로 진정한 학습에 필요한 것이다. 로버트 프로스트는 세상에는 엄청나게 많은 것을 배운 사람들이 있으며, 당연히 그들은 새로운 것을 또 배우라고 하면 분개할 것이라고 했다. 프로스트의 이 말에는 많이 배운 사람들에게는 자신이 얼마나 알고 있느냐에 얽매인 정체성이 있을 거라는 가정이 깔려 있다. 그런 사람들에게는 정체성의 위기를 초래하는 새로운 배움이 힘들 수밖에 없다. 자신의 장점을 기반으로 하여 매사 생각해 버릇하면 '생각'은 그 사람이 얼마나 똑똑한가에 대한 추상적 상징이 되어 버린다. 어쩌면 '평생 학습자'라는 말이 인기를 잃어버리게 된 이유 중에 이런 부분도 있을 것이다. '평생 학습자'라는 문구가 매번 정체성에 대한 이야기가 되어 버렸던 것이다.

새로운 정보나 경험에 비추어 생각, 즉 마음을 바꿀 수 있는 능력은 진정한 학습의 필수 요소다. 피터 센게가 잘 쓰는 말 중에 메타노이아metanoia가 있다. 고대 그리스어로 '마음의 전환'을 의미한다. 너무 옳은 말이다. 지향성, 융통성, 마음의 유연성이 탈학습을 학습만큼이나 일상적인 것으로 만들 수 있다.

그러나 탈학습을 정체성의 문제로 만들어서는 안 된다. 자신이 이룬 모든 학습이나 탈학습을 스스로 축하하고 자신에게 집중하는 것으로 돌아가면 안 된다. "나 좀 봐. 나, 자기 강박을 끝냈어." 대신 현실을 계속 찬찬히 봐야 한다.

인생 구축 과정을 위해 기술, 정서적 회복력, 착실함, 훈련, 자각 그리고 여러 필수적인 자질을 계발하는 것은 그냥 '자기 자신'을 향상시키는 일과는 다르다. 이런 자기계발은 정체성에 관한 것이 아니라 인생의 숙달에 관한 것이다. 지금 당신의 모습에는 아무런 문제가 없다. 변화의 동기는 자신에게 문제가 있는 것처럼 여겨 인생을 해결해 보려는 것이 아니라, 지향해 나갈 방향을 감지해 이끌어 주는 열망과 가치에 부응하고자 하는 것이다. 우리 앞에는 선택할 수 있는 두 개의 서로 다른 세계가 있다. 하나는 우리와 우리의 정체성으로 이루어진 세계이며, 다른 하나는 살고 싶은 인생을 창조하는 세계다. 둘은 서로 차원이 다른 세계다.

- 우리는 두 개의 서로 다른 세계에서 살 수 있다.

- 하나는 정체성의 세계다.

- 다른 하나는 인생 구축 과정의 세계다.

- 학습이 필요한 만큼 탈학습도 반드시 필요하다.

- 정체성을 문제 삼지 말라.

- 두 개의 다른 세계가 있으며 그것들은 서로 분리되어 있다.

우리 저자들은 이 책이 자기계발 업계 사람들에게 다소 불편한 기분을 줄 수 있다는 것을 안다. 우리가 말하고 있는 것의 대부분이 지난 몇 년 동안 거의 논란의 여지가 없는 것으로 보였던 매우 대중적인 개념과 모순되기 때문이다. 그러나 수십년 동안 이 일을 해 오면서, 우리는 자기계발 업계가 오해, 의문스러운 관행, 의도만 좋은 사람들로 가득하다는 것을 알게되었다. 물론 삶을 개선하고 싶어 하는 것에는 아무런 문제가 없다. 오히려 아주 좋은 일이다. 다만 우리는 진정한 개선을 위한 가장 강력한 방법이 정체성 문제를 없애는 것이라는 이야기를 하고 싶은 것이다.

자기계발은 너무 자주 사람들을 잘못된 방향으로 몰아간다. 사람들을 점점 더 자기중심적으로 만드는 것이다. 무언가를 얼마나 잘하는지 못하는지를 매우 개인적으로 받아들이게 함으로써 정체성 문제를 확장시키는 것이다.

어떤 의미로 이 책의 핵심은 아주 단순하다. '자기 자신에게서 초점을 돌려 창조하고 싶은 결과에 집중하라!' 개중에는 다른 것보다 더 익숙하게 하게 되는 생각이 있다. 특히 그 예전 생각을 받아들이는 데 돈과 시간을 많이 들였을 때는 더 그렇다. 이런 생각을 변화하게 하려면 어떤 동기가 필요할까? 몇 가지가 있을 것이다. 증거, 분별력, 논리, 경험이 뒷받침되면 그럴 수 있다. 또한 더 높은 성공과 성취, 웰빙의 감각, 방향 감각, 새로 발견된 에너지, 개선된 건강 그리고 우리 자신의 인생에 대해 '편집권'을 쥐고 제어할 수 있는 능력 등 우리가 확인할 수 있는 최고의 것들이 눈앞에 있으면 이것들 역시 생각의 변화를 이끌 수 있다. 물론 자기계발 업계에서는 언제나 이런 결과들을 보장한다. 그러나 그 결과는 찰나에 그치고 만다. 발전의 첫 경험은 이내 역전되고 모든 것이 과거에 익숙했던 방식으로 되돌아가는 진동 구조로 빠져든다.

책 전체에서 우리는 이 진동의 원인으로 구조 역학의 원리를 지적했다. 또한 더 중요한 부분인 인생 구축의 창조 과정에 최선의 지원자가 되어 주는 구조인 '구조적 긴장'에 대해서도 설명했다. 우리는 당신이 점점 더 살고 싶은 인생을 살아가는 데 성공할 수 있기를 바란다. 그것은 옳은 신념을 견지하거나 우주에 대한 믿음을 지녀서 되는 일이 아니다. 결단을 내리고, 좋은 생각을 하며, 심지어 착한 사람이 된다고 해서 이루어지는 것도 아니다. 살고 싶은 인생을 성공적으로 살아가는 일은 학습과 시간이 걸리는 경험, 시행착오, 과오와 실수, 단련, 매사를 개인적으로 받아들이지 않는 습관에서 온다. 이것들을 통해 인생에서 맞이할 다음 단계를 이해할 수 있는 최선의 위치에 설 수 있게 된다.

우리가 설명한 것에 다가가는 최고의 접근 방법은 실천하는 것이다. 실험으로 시작해, 습관이 되게 하고, 마지막으로 생활의 방식으로 삼는다.

이것에서부터 새로운 세계가 열릴 수 있다. 새로운 기쁨과 참여를 경험할 수 있고, 인생을 계속되는 싸움에서 진정한 창조 과정으로 옮겨 갈 수 있다. 당신의 인생이 최고 중의 최고이기를 기원한다.

감사의 글

많은 사람이 재능과 통찰, 지혜와 에너지로 이 책에 공헌해 주었다. 로절린드 프리츠, 이브 프리츠, 노마 켈시, 닐 베어드, 아이반 프리츠… 아울러 전 세계의 구조 컨설턴트들에게 감사드린다. 로리 앤더슨과 놀라운 능력의 지도자와 헬스 코치들 그리고 기업 파트너들에게 감사한다. 이들이 만드는 공동체는 세상을 일깨워 최상의 건강과 웰빙의 가능성을 열어 준다. 이들의 성장과 창조에 대한 개방성이 이 책을 완성하게 한 원동력이었다. 또한 우리는 표지와 도표를 디자인해 준 가디너-리처드슨 사의 훌륭한 디자인 팀에게도 감탄과 감사를 표하고 싶다. 대런 리처드슨(대표), 지노 디 메오, 제니퍼 웨스트모얼랜드, 에마 더글러스… 마찬가지로 디시디자인북스의 북디자이너 데드 커밍스와 카퍼에디터인 캐스린 라이크스 그리고 이 책의 제작에 큰 도움을 준 스프링필드 프린팅 컴퍼니의 모든 분에게도 감사의 마음을 전한다. 마지막으로 마셜 카퍼에게, 세상을 바꾸려는 우리의 노력을 지원해 준 온갖 노고와 헌신에 감사한다.

정체성은 아무것도 아니다

아주 오랫동안 굳건히 지켜 온 신념이 무너지는 일은 흔치 않다. 그것은 이를테면 삶의 패러다임이 바뀌는 것인데, 그런 일이 나의 인생에서 일어났다. 이 책을 번역하면서 정체성에 대한 신념이 기저에서부터 흔들리기 시작하더니 급기야 무너져 내린 것이다. 청소년기 이래로 우리의 삶은 '정체성을 찾아서'로 일관되었다. 누군가가 궤도를 벗어나거나 불행한 결정을 거듭하면 우리는 그의 정체성이 흔들렸다고 판단하면서 진정한 자아 찾기의 길로 돌아가라고 충고하곤 했다. 뿐만 아니라 문학을 필두로 해서 우리가 알아 온 모든 올바른 길은 정체성을 향해 나 있었다. 그런데 『최소 저항의 법칙』으로 수십 년 전부터 전 세계인들의 삶의 지형을 바꿔 온 로버트 프리츠가 동료 웨인 스콧 앤더슨 박사와 함께 '정체성은 아무것도 아니다Identity is Nothing'라는 중대 선언이 담긴 책을 썼다. 두 사람은 우리에게 주문한다. 정체성을 버리라고.

수십 년 동안 사람들의 삶의 실천적 멘토 역할을 해 온 저자의 말은 그만큼 묵직하게 마음에 얹힌다. 그러나 우리의 행동을 결정짓는 것은 의지나 노력, 개인의 자질, 능력이 아니라 우리가 속한 구조라는 충격적인 이야기를 했던『최소 저항의 법칙』을 번역하면서 느꼈던 묘한 반발감이 이번에도 마음속에서 이런 반문부터 하게 했다. 그런 식으로 삶에서 정체성을 빼버리면 우리가 붙들어야 할 중심은 무엇이라는 것인가? 우리가 그간 줄기차게 해 온 중심 찾기는 어떻게 하고? 이에 대해 로버트 프리츠와 그의 동료는 '붙들어야 할 중심 같은 것은 없다'고 단언한다.

자신을 사랑하라, 자존감을 높여라, 나는 이러저러한 사람이다, 나는 이러저러한 삶을 살아야 한다, 그게 신이 또는 자연이 내게 내린 임무다, 내가 태어난 데는 반드시 이유가 있을 것이다, 그걸 찾아가는 것이 내게 주어진 삶이다, 나의 이상은 이러저러하다, 그 이상을 추구하면서 살고 싶다 등등. 우리가 신봉해 온 이런 모든 정체성의 신화를 이 책은 부정한다. 남에게 그리고 자기 자신에게 정체성을 제시해 보여 주느라 애쓰지 말라고 한다. 승자와 패자의 논리에 자신의 정체성을 대입시켜 고통스러워할 필요도 없다고 한다. 우리가 왜 태어났는지, 존재의 사명은 무엇인지처럼 어차피 알 수 없고, 알 필요도 없는 고민에 매달리지 말라고 한다. 그런 게 모두 정체성이라고 하는 이데올로기에 지나지 않는다는 것이다.

'나'에게로 향하는 자신의 시선을 삶에서 '이루고 싶은 것'으로 돌리는 것, 그리고 이루고 싶은 것을 향해 나아가는 것! 이 책이 하고자 하는 말이다. '인생에서 정말 이루고 싶은 것'을 이루면 된다는 것이다. 생생한 사례를 곁들여 그 실천 방법도 제시해 준다. 그래서 이 책은 철학서이면서 실천을 위한 워크북이기도 하다.

역자가 그랬듯이 독자들도 그의 선언이 곧바로 수긍되지 않을 수 있을 것이다. 삶의 근간을 흔드는 이야기를 들으면 수긍보다는 반발이 앞서기 마련이므로. 그러나 역자의 경우 한 문장 한 문장 번역해 가면서, 언어의 숲 사이를 헤치며 반복적으로 고집스럽고 지난하게 설득하는 과정 속으로 한 발 한 발 내디디다 어느 순간 고개를 끄덕이는 자신을 발견했다. 중요한 주제를 매번 다른 토픽들로 환기시켜 주며 기어이 설득해 내는 로버트 프리츠의 마법이다.

어느덧 '긍정적 마인드' 속에 모든 걸 욱여넣고 잘못되면 부정적이었다면서 마인드 탓을 해 버렸던 순간들, 정체성에 사로잡혀 땅을 파고 들어가 나 자신을 지옥으로 몰아넣었던 순간들이 떠오르는 건 비단 역자만이 아닐 것이다. 조금 더 빨리 이 책을 접했더라면 어땠을까 하는 생각 역시 많은 독자가 하게 되지 않을까? 영국 정치인 조 콕스가 말했듯이, 우리는 공통점이 더 많은 존재들이니까.

『최소 저항의 법칙』에 이어 로버트 프리츠는 이 책에서 한 층 더 신랄한 진실을 들려준다. 진실의 맛이 맵다고 하면 『정 체성 수업』은 그야말로 매운 책이다. 인류가 수천 년 견지해 온 가치인 정체성을 버리라는 이야기를 머뭇거림 없이 직설 로 내뱉는다. 『최소 저항의 법칙』에서 인용했던 성경의 '돌아 온 탕아' 이야기를 이 책에서 새롭게 재해석하고 있는데, 다시 읽어도 사뭇 충격적이다.

아버지가 있고 아버지 곁을 지키며 착실히 집안을 돌본 아 들, 집을 떠나 방탕하게 살다가 어느 날 집으로 돌아가겠다는 결심을 하고 귀향하는 아들이 있다. 이들은 제각각 우리 자신 의 부분들을 상징한다. 아버지는 우리 삶의 근본이며, 착한 아 들은 이 근본에 충실한 우리 자신의 부분, 그리고 탕아는 타락 한 우리 자신의 부분이다. 그런데 놀랍게도 구원이 더 절실한 쪽은 착한 아들 쪽이라는 게 저자의 이야기다.

이 이야기가 중요한 것은 저자가 우리 내면의 어두운 부분 을 인정하고 받아들여 창조의 에너지로 전환할 수 있다고 하 기 때문이다. 그게 이 책의 핵심적인 부분이다. 진실을 가리거 나 외면하지 않는 것, 어두운 측면까지 끌어안아 완전한 하나 로 회귀하는 것.

로버트 프리츠의 책은 언뜻 무난히 읽히는가 하다가도 이 해하고 녹여 내기가 녹록하지 않다. 삶의 근본적인 지향점을 바꾸는 내용이어서일 것이다. 찬찬히 음미하며 반복해 읽어 보시기를 권한다. 선함, 정의로움, 이상적인 것들을 정체성이라는 이름으로 추구하면서 자신의 본성을 외면하느라 인생이 유난히 피곤했던 사람들에게 창조적인 삶의 방향을 제시해주는 책, 새로운 삶의 변곡점이 되는 책이 될 것이다.

_역자 박은영

최소 저항의 법칙

인생에서 원하는 결과를 만드는 법

로버트 프리츠 지음 | 박은영 옮김

세계적 혁신 사상가 피터 센게 추천작
〈포춘〉 500대 기업이 채택한 혁신 프로그램

세계적 혁신 사상가 로버트 프리츠가 제시하는 의미 있는 인생을 창조하기 위한 삶의 법칙.

자연에서 에너지는 '최소 저항의 경로'에 따라 움직인다. 강 바닥이 제 위를 지나는 물길을 결정하듯이, 인생의 구조가 우리 삶의 경로를 결정한다. 따라서 '최소 저항의 경로'가 그 방향으로 이끌어주지 않는 한, 우리가 인생에서 시도하는 어떤 변화도 결코 이루어지지 않는다.

그러나 인생의 기본 구조 자체를 바꾼다면 원하는 삶을 창조해 낼 수 있다. 『최소 저항의 법칙』을 통해 우리는 '진동 구조'에서 '전진 구조'로 최소 저항의 경로를 바꿔, 진정으로 중요한 것들을 우리의 삶 속으로 불러들일 수 있게 된다.

혁신가들이 삶의 터닝포인트에서 만난 책이자, 수많은 창작자들에게 영감을 준 현대의 고전이다.

정체성 수업

초판 1쇄 인쇄 2023년 4월 20일
초판 1쇄 발행 2023년 5월 5일

지은이 | 로버트 프리츠, 웨인 스콧 앤더슨
옮긴이 | 박은영

발행인 | 정상우
편집인 | 주정림
교정교열 | 이숙
디자인 | 디스커버
펴낸곳 | ㈜라이팅하우스
출판신고 | 제2022-000174호(2012년 5월 23일)
주소 | 경기도 고양시 덕양구 으뜸로 130, 1131호
주문전화 | 070-7542-8070 팩스 | 0505-116-8965
이메일 | book@writinghouse.co.kr
홈페이지 | www.writinghouse.co.kr

한국어출판권 ⓒ 라이팅하우스, 2023
ISBN 979-11-978743-6-9 (03100)